Murphys *gemeinste* Computergesetze

978 3827290328

W0019216

Joachim Graf
Zeichnungen von Erik Liebermann

Murphys *gemeinste* Computergesetze

oder:

Warum alles schiefgeht, was schiefgehen kann,
und warum man es dann immer selbst ausbaden muß

Markt&Technik
Buch- und Software-Verlag GmbH

Die Deutsche Bibliothek – CIP-Einheitsaufnahme

Graf, Joachim:
Murphys gemeinste Computergesetze : warum alles schiefgeht, was schiefgehen
kann und warum man es dann immer selbst ausbaden muß / Joachim Graf.
Grafiken von Erik Liebermann. – Haar bei München : Markt und Technik,
Buch- und Software-Verl., 1997
ISBN 3-8272-9032-5

10   9   8   7   6   5   4   3   2

02   01   00   99   98

ISBN 3-8272-9032-5

© 1998 by Markt&Technik Buch- und Software-Verlag GmbH,
Hans-Pinsel-Straße 9b, D-85540 Haar bei München/Germany
Alle Rechte vorbehalten
Einbandgestaltung: NOWAK werbeagentur & medien, Pfaffenhofen a. d. Ilm ·
http://www.nowak.de
Lektorat: Nina Krauß
Herstellung: Cornelia Karl
Satz: text&form, Fürstenfeldbruck
Druck: Ebner, Ulm
Dieses Produkt wurde mit Desktop-Publishing-Programmen erstellt
und auf chlorfrei gebleichtem Papier gedruckt
Printed in Germany

Inhaltsverzeichnis

Warnung

Das Buch ist nichts für Zartbesaitete. Bei regelmäßiger Anwendung kann es zu Desillusionierung, kritischer Distanz gegenüber der Materie bis hin zum Zynismus sowie zum bleibenden Vertrauensverlust in die Computerindustrie kommen. In seltenen Einzelfällen wurden Abonnementkündigungen bei Computerzeitschriften und Online-Diensten, Anfälle von Vandalismus gegenüber Digitaltechnik sowie Panikkäufe, z.B. von Füllern, Rechenschiebern und liniertem Papier, beobachtet. Besonders gefährdet sind nach den Erfahrungen von Autor und Verlag

- engagierte EDV-Leiter,
- überzeugte Vertriebsmitarbeiter,
- Geschäftsführer von Computerfirmen,
- EDV-Journalisten,
- Computerfreaks.

Dem geistig gefestigten Leser hingegen bietet das vorliegende Werk neben wissenschaftlicher Erkenntnis noch einen zweiten Nutzen: das Wissen, daß er nicht alleine ist. Was zwar im täglichen Umgang mit dem Computer nicht hilft, aber doch wenigstens tröstet.

Erklärung

Jede Ähnlichkeit mit lebenden Personen, bestehenden Firmen, existierenden Produkten, verfügbaren Marken, vorhandenen Vertriebsstrategien sowie anderen Plagen für Computeranwender sind vom Autor zwar nicht ausdrücklich beabsichtigt, aufgrund der Materie jedoch unvermeidlich.

Danksagung

Ausdrücklich bedanken möchte ich mich bei der deutschen und internationalen EDV-Industrie, ohne die es dieses Buch sicher nie gegeben hätte, sowie bei Gerti, die weiß, daß Computer mithelfen, diejenigen Probleme zu lösen, die wir ohne sie nicht hätten.

Der Feind schläft nicht!

Seit ich mich mit dem Phänomen digitaler Heimtücke (sprich: dem Computer an sich) beschäftige, werde ich immer wieder danach gefragt, wie man denn als seriöser Fachautor dazu kommt, ein »humoristisches Buch« zu schreiben. Ich habe diese Frage nie verstanden. Denn das vorliegende Buch ist ein ernstes, wissenschaftliches Werk und dient ausschließlich der Systematisierung weltweit bekannter Vorgänge beim Umgang mit elektronischen Datenverarbeitungsanlagen. Wer humoristische Computerliteratur sucht, sollte die Lobpreisungen neu erschienener Software-Pakete in einer beliebigen PC-Zeitung oder die Installationsanleitung seines Modems lesen. Durch meine jahrelange Beschäftigung mit Computersystemen als Anwender, Programmierer und EDV-Fachjournalist – also stets als Opfer – habe ich genügend Erfahrungen sammeln können, um die Welt der Computer ganz sachlich und objektiv so zu schildern, wie sie wirklich ist: fies, gemein, hinterhältig, gehässig, grausam.

Wohl kein Forschungsergebnis hat mehr zum Verständnis unserer modernen Industrie- und Informationsgesellschaft beigetragen als das Gesetz von Murphy. Wer sich vor Augen führt, daß alles, was schiefgehen kann, auch schiefgehen wird, der wird von einem tiefen Verständnis für die Welt, das Leben an sich und den gesamten Rest durchdrungen.

Die Konkretisierungen von Murphys Gesetz reichen von »A« wie »Atomwirtschaft« (»Je gefährlicher und unsinniger ein Projekt ist, desto heftiger wird es von den Bonner Politikern unterstützt«) bis »Z« (»Wenn Du etwas von A bis Z beschreiben willst, fällt Dir entweder zu 'A' oder zu 'Z' kein Beispiel ein«). Für fast jede Quelle täglicher Pannen – seien es Anwälte oder die gegenwärtige Bonner Regierung – sind murphyologische Arbeiten erhältlich. Mit dem vorliegenden Band werden die Auswirkungen von Murphys Gesetz auf die elektronische Datenverarbeitung dokumentiert. Denn Computer tragen wie kaum ein anderes als Objekt getarntes Subjekt unseres Alltags dazu bei, Murphys Gesetz immer wieder aufs neue zu bestätigen. Alle nur denkbaren pannenträchtigen Komponenten sind in einem Computersystem vereint: Zentraleinheit, Monitor, Massenspeicher, Erweiterungskarten, Tastatur und weitere Peripheriegeräte arbeiten hart daran, möglichst unverträglich miteinander zu sein. Wo dies nicht ausreicht, unterstützt die Dreieinheit aus Programmierer, Anwendungsprogramm und Anwender das physikalische Gesetz der Entropie, nach dem die Natur stets einen Zustand des größtmöglichen Chaos anstrebt.

Der Leser wird aus eigener leidvoller Erfahrung meiner Schlußfolgerung beipflichten, daß es außer den Menschen noch weiteres intelligentes Leben im Universum geben muß. Denn die in Programmzeilen und Silizium gegossene digitale Heimtücke, die unseren Bestrebungen alltäglich entgegenwirkt, kann schon aufgrund ihrer Zielgerichtetheit einfach kein Werk lebloser Materie sein. Als wirklich Eingeweihte wissen Sie und ich: Der Feind steht vor uns auf dem Schreibtisch, und er schläft nicht. Hüten wir uns also, ihm den Rücken zu kehren, und wappnen wir uns mit der letzten Waffe des intelligenten Menschen: der Resignation.

A. Murphyologische Grundlagen

Murphys Gesetz ist die Präzisierung und logische Weiterentwicklung der allgemeinen Entropielehre, nach der alle Teilchen des Universums bestrebt sind, sich in größtmöglicher Unordnung anzuordnen. Die Erkenntnis, daß besagte Teilchen auf dem Weg dorthin Dir mindestens einmal auf die Zehen fallen, führte zu

Murphys Gesetz:

Wenn etwas schiefgehen kann, dann wird es auch schiefgehen.

Mit der Erfindung des Computers versuchte der Mensch zum ersten Mal, unbelebter Materie eine gewisse Intelligenz einzuhauchen. Ein fataler Entschluß. Denn bis zum heutigen Tag sind Computer zwar weder intelligent noch kreativ. Heimtücke, Hinterhältigkeit und Verschlagenheit sind jedoch bei ihnen bereits optimal entwickelt. So kann jeder Hard- und Software-Entwickler, jeder Programmierer und jeder Anwender – kurz: jedes Computeropfer – Murphys Gesetz erweitern durch die

Erste digitale Ableitung:

Murphys Gesetz wird durch Computer optimiert.

Praxisbeweis der ersten digitalen Ableitung:

Irren ist menschlich. Für die richtig schlimmen Sachen braucht es Computer.

In den Zeiten fortschrittlicher Multitasking-Betriebssysteme, Online-Dienste und Intranets sind moderne Computer heute bereits in der Lage, mehr als eine Sache gleichzeitig zu machen (beispielsweise unter Datenverlust abzustürzen und gleichzeitig die einzig existierende Sicherheitskopie auf sämtlichen angeschlossenen Festplatten und Netzlaufwerken zu löschen). Daraus ergibt sich bekanntermaßen die

Zweite digitale Ableitung:

Alles geht auf einmal schief.

Mit der Erfindung von Checksummen, Korrektur- und Backup-Programmen sowie fehlertoleranten Systemen erschließt sich dem staunenden, zum Objekt degradierten Menschen die Vielseitigkeit der Elektronischen Datenverarbeitung durch die

Dritte digitale Ableitung:

Es geht auch schief, wenn es eigentlich nicht schiefgehen kann.

Doch mit dem massiven Siegeszug der PCs war der Leidensweg von Anwendern, Programmierern, Entwicklern und anderen ähnlich armen Schweinen längst nicht beendet. Grafische Benutzeroberflächen und Webbrowser begannen sich weltweit über die Monitore auszubreiten wie Schimmel über feuchte Kellerwände und durchdrangen via Internet sämtliche Regionen dieses Planeten. Ausgerüstet mit Maus und Beruhigungspillen leidet die weltweite Computergemeinde nun zusätzlich unter der

Vierten digitalen Ableitung (auch »Erste Ableitung der ersten digitalen Ableitung«) von Murphys Gesetz:

Das Gesetz, daß alles, was schiefgehen kann, auch schiefgeht, wird durch den Computer optimiert, von grafischen Benutzeroberflächen zur ungeahnten Vollkommenheit ausgebaut und durch Online-Systeme weltweit verteilt.

Nicht zuletzt wegen der sich virulent ausbreitenden Netze existiert für den Computerbesitzer keine Möglichkeit, potentiellen Pannen, dräuenden Datenverlusten und anstehenden Abstürzen zu entkommen. Schließlich gilt überall in der EDV-Welt das

Gesetz von der plattformübergreifenden Panne:

Der einzige Unterschied zwischen verschiedenen Computersystemen besteht darin, daß der Anwender unterschiedliche Dinge tun muß, um dieselben Pannen zu produzieren.

Es ist also egal, ob der Anwender die Entf-Taste drücken oder ein Dateisymbol mit der Maus auf das Papierkorb beziehungsweise auf das Shredder-Icon ziehen muß, wenn er eine garantiert nicht mehr benötigte Datei löschen will. Er wird in jedem Fall feststellen (und dies selbstverständlich zu spät), daß sein System statt dessen die einzige Kopie eines dringend benötigten Textes unwiederbringlich vernichtet hat. Jedoch gilt zur Beruhigung aller die

Erste Erweiterung des Gesetzes von der plattformübergreifenden Panne:

Wenn Du bei verschiedenen Computersystemen dasselbe tust, wirst Du unterschiedliche Pannen produzieren.

Zweite Erweiterung des Gesetzes von der plattformübergreifenden Panne:

Wenn Du bei verschiedenen Computersystemen dasselbe tust, um jemand anderem zu beweisen, daß unterschiedliche Pannen dabei herauskommen, wird alles so lange völlig normal und fehlerfrei funktionieren, solange dieser anwesend ist.

Michaels Erweiterung:

... aber keine Sekunde länger.

Unterschiede bei den grafischen Benutzeroberflächen verschiedener Computersysteme bestehen, dieser Erkenntnis folgend, einzig darin, daß kleine, leistungsschwache Computersysteme große nichtbehebbare Fehler produzieren, während leistungsstarke Computersysteme hingegen große nichtbehebbare Fehler produzieren. Tröstlich immerhin, daß zwischen den Benutzeroberflächen verschiedener Computersysteme dennoch wegweisende Unterschiede bestehen:

Ausnahme von dem Gesetz der plattformübergreifenden Panne:

Fehlerbehandlungsroutinen verschiedener Computersysteme sind so unterschiedlich, daß Du Erfahrungen, die Du auf dem ersten System gemacht hast, nicht auf dem zweiten verwenden kannst.

Erste Erweiterung:

Du wirst sie auch nicht auf dem ersten verwenden können.

Zweite Erweiterung:

Eine untrügliche Fehlerbekämpfungsroutine auf dem ersten Computersystem ist auf einem zweiten System die einzige todsichere Methode, Deine Daten endgültig und unwiederbringlich zu vernichten.

Dritte Erweiterung:

Auf dem ersten auch.

Werten wir den reichhaltigen Erfahrungsschatz von Anwendern, Programmierern, Entwicklern und anderen armen Schweinen aus, können wir nun Murphys Gesetz und seine digitalen Ableitungen auf den elektronischen Alltag gesetzmäßig anwenden:

Erste elektronische Anwendung von Murphys Gesetz:

Bei Computern ist nichts undenkbar, geschweige denn unmöglich – außer dem Wünschenswerten.

Zweite elektronische Anwendung von Murphys Gesetz:

In der Welt der EDV enden Pannen nicht, sondern gehen, einander überlappend, ineinander über.

Dritte elektronische Anwendung von Murphys Gesetz:

Computerpannen warten geduldig auf den ungünstigsten Zeitpunkt, um dann erbarmungslos zuzuschlagen.

Daniels Korrekturanmerkung zur dritten elektronischen Anwendung:

Kann denn eine Panne zuschlagen?

Joachims Antwort auf Daniels Korrekturanmerkung:

Wart's nur ab.

Vierte elektronische Anwendung von Murphys Gesetz:

Man kann sich bei Computern auf nichts verlassen. Nicht einmal darauf, daß man sich auf nichts verlassen kann.

Fünfte elektronische Anwendung von Murphys Gesetz:

1. Du kannst niemals einer großen Panne entgehen, indem Du eine kleine produzierst.
2. Im besten Fall wird sich die kleine Panne zur großen hinzugesellen, um diese zu unterstützen.

Sechste elektronische Anwendung von Murphys Gesetz:

Niemand kann sich so viele Pannen vorstellen, wie im Inneren eines Computers passieren.

Gudruns Seufzer:

Du kannst Dir aber sicher sein, daß Du jede einzelne am eigenen Leibe verspüren wirst.

Gudruns Folgerungen:

1. Wahrlich große Pannen verhalten sich wie Fernseh-intendanten: Sie produzieren möglichst viele Wieder-holungen.

2. Billige Pannen gibt es nicht.

3. War eine Panne doch einmal billig, dann hast Du ihren wahren Umfang noch nicht erkannt.

Je mehr bunte Dinge auf dem Bildschirm zu sehen sind, um so mehr Chancen hat eine Panne, sich zu verstecken. Daraus folgt die

Erste interaktive Anwendung von Murphys Gesetz:

Hinter jedem geöffneten Fenster Deiner Benutzeroberflä-che wartet eine Computerpanne auf den ungünstigsten Zeitpunkt, um erbarmungslos zuzuschlagen.

Bei genauerer Betrachtung kann die erste interaktive An-wendung von Murphys Gesetz problemlos erweitert wer-den durch die

Zweite interaktive Anwendung von Murphys Gesetz:

Auch hinter jedem geschlossenen Fenster Deiner Benut-zeroberfläche wartet eine Computerpanne auf den ungün-stigsten Zeitpunkt, um dann erbarmungslos zuzuschlagen.

sowie die

Erweiterung der zweiten interaktiven Anwendung von Murphys Gesetz:

Dieses Gesetz gilt selbstverständlich auch für Mauszeiger, Pop-Up-, Pull-Down- und andere Menüs, sowie für alles, was sonst auf dem Bildschirm zu sehen oder nicht zu sehen ist.

Da Computer und Elektronische Datenverarbeitung zumindest ursprünglich etwas mit Mathematik zu tun hatten, ist diese allgemeine Einführung in die Computer-Murphyologie nicht vollständig ohne die mathematische Begründung von Murphys Gesetz. Der Leser sollte jedoch berücksichtigen, daß Mathematik und binäre sowie menschliche Logik einerseits und EDV-Anlagen andererseits nichts, aber auch gar nichts miteinander zu tun haben. Selbstverständlich mit der Ausnahme, daß man diesen Satz zu beweisen sucht:

Mathematische Begründung von Murphys Gesetz:

1. In der EDV gilt unverrückbar der Satz 1+1=2.

2. Beim Einsatz eines Pentium-Prozessors gilt 1+1=2,0000094274679643

3. In allen anderen Fällen ist »=« ein Symbol mit der Bedeutung »selten, wenn überhaupt«.

Abweichungstheorem:

Der Unterschied zwischen digitaler Logik und Murphys Gesetz besteht darin, daß man nach der digitalen Logik eigentlich davon ausgehen müßte, daß alles immer nach der gleichen Methode schiefgeht.

Binäre Übersetzung des Abweichungstheorems:

Wenn Null besonders groß ist, ist es beinahe so groß wie ein bißchen Eins.

Christianes Verallgemeinerung:

Freue Dich, wenn es Dir gut geht. Der Zustand wird vorbeigehen.

Regel über die Pflicht zur Schweigsamkeit in der Nähe von Computern:

Sobald Du über etwas Positives redest, wird es verschwinden.

Sobald Du über etwas Schlimmes redest, wird es eintreten.

B. Täter

Wo immer auf dieser Welt ein Computer und ein Mensch zusammenkommen, gibt es Täter und Opfer. Wer Täter und wer Opfer ist, bestimmt der persönliche Bezugspunkt: Egal, was passiert, man gehört immer zu den Opfern. Schließlich gilt wie überall im Leben auch in der Welt der Computer das

Allgemeine Opfergesetz:

Egal, auf welcher Seite Du gerade stehst – diese Seite wird verlieren.

Wenn Du die Seite wechselst, wird sich auch das Schlachtenglück wenden.

Das Allgemeine Opfergesetz auf den EDV-Bereich angewendet und präzisiert, ergibt die

Digitale Quartettregel:

1. Bist Du ein Anwender, so wirst Du gegen Computer, Hardwarehersteller und Programmierer verlieren.

2. Bist Du ein Hardwarehersteller, so wirst Du gegen Computer, Anwender und Programmierer verlieren.

3. Bist Du ein Programmierer, so wirst Du gegen Computer, Hardwarehersteller und Anwender verlieren.

Konsequente Folgerungen aus der digitalen Quartettregel:

1. Es kann keine menschlichen Gewinner geben.

2. Der Computer gewinnt immer.

Erweiterte Folgerung aus der digitalen Quartettregel:

Sollte der Computer einmal nicht gewinnen, dann gewinnen Software oder Peripheriegeräte, im besten Fall die Steckdose.

Aufgrund dieser Ableitungen beschäftigen wir uns im folgenden Abschnitt vorwiegend mit den Siegern im allgemeinen Existenzkampf: der Computer-Hard- und -Software.

Doch jeder Computerbesitzer weiß, daß nicht allein die Unbillen der Technik auf ihn lauern. Wer nicht das Glück hat, alleine mit seinem Computer Wohnung oder Büro zu teilen, dem drohen weitere Gefahren von sogenannten »Freunden«, von Mitbewohnern, Kollegen und Familienangehörigen. Kurz: Die Kombination aus heimtückischer Technik und Computerlaien richtet den maximal möglichen Schaden an.

In Kapitel 4 hingegen wird das Allgemeine Opfergesetz auf die Gruppe der Nicht-Computerbesitzer angewendet: Hier galt das analytische Interesse des Autors den Gesetzmäßigkeiten, die – aus der Sicht eines Normalmenschen – bei einem Zusammenprall von diesem mit einem Computerfreak entstehen.

1.0 Hardware

Hardware ist der geglückte Versuch, die Fehler der Software vorherzuahnen, vorhandene Irrtümer zu optimieren, zu speichern und mit immer höherer Geschwindigkeit zu produzieren. Es gilt

Swansons Prinzip des prelusiven Programmierens:

Jede gegebene Hardware wird lernen, die Fehler der Software zu emulieren und zwar binnen einer Stunde nach ihrer Beseitigung.

Hardware zerfällt in Computer, Eingabegerät, Drucker, Massenspeicher und anderer in Silizium geätzter Heimtücke sowie in dem Moment, wo sie benutzt werden soll.

Hardware ist aus der Sicht des Anwenders dazu da, analog der gestellten Aufgabe, einwandfrei und mit höchstmöglicher Geschwindigkeit so viele Fehler hervorzubringen, daß in kürzestmöglicher Zeit eine größtmögliche Anzahl von nicht mehr zu korrigierenden Schäden auftritt.

Für Programmierer und Hersteller hingegen ist Hardware dazu da, analog der gestellten Aufgabe, einwandfrei und mit höchstmöglicher Geschwindigkeit so viele Fehler hervorzubringen, daß in kürzestmöglicher Zeit eine größtmögliche Anzahl von nicht mehr zu korrigierenden Schäden auftritt.

Doppelgesetz von der komplexen Hardware:

1. Komplexe Systeme neigen zu komplexen Fehlern.
2. Einfache Systeme hingegen neigen zu komplexen Fehlern.

Erste Erweiterung:

Neue Systeme produzieren neue Fehler.

Zweite Erweiterung:

Neue Systeme wiederholen ihre neuen Fehler.

Dritte Erweiterung:

Alte Systeme produzieren neue und alte Fehler.

Schlußfolgerungen:

1. Komplexe Systeme neigen dazu, ihre eigene Funktion zu behindern.
2. Computer funktionieren nur deshalb, damit sie Fehler produzieren können.
3. Systeme neigen zum Wachstum und werden dadurch anmaßend.

Die abteilungsspezifische Ableitung:

Willst Du in Deiner Abteilung eine permanente Ausrede für eigene Fehler haben, dann rüste Sie mit Computern aus.

Erster Gegensatz von digitaler und analoger Logik:

Menschen, die mit Computern arbeiten, verhalten sich nicht so, wie der Computer verlangt, daß sie sich verhalten sollen.

Zweiter Gegensatz von digitaler und analoger Logik:

Menschen werden sich dann und nur dann vernünftig verhalten, wenn alle anderen Möglichkeiten ausgeschöpft sind.

Dritter Gegensatz von digitaler und analoger Logik:

Systeme, die idiotensicher sind, werden auch nur von Idioten bedient.

Gegensatz von digitaler und digitaler Logik:

Computer, die mit anderen Computern zusammenarbeiten, verhalten sich nicht so, wie die anderen Computer verlangen, daß sie sich verhalten sollen.

Das Assembly-Axiom

Alles, was zusammengesetzt wurde, fällt früher oder später auseinander.

Verschärfungen:

1. Alles fällt früher auseinander.

2. Es sucht sich den ungünstigsten Zeitpunkt dazu aus.

3. Alle unbeseelten Gegenstände können sich gerade soweit bewegen, daß sie einem im Weg stehen.

4. Letzteres gilt insbesondere für Alert-, CD-ROM- und Diskettenboxen.

Allgemeine Reparaturgesetze:

1. Wenn Du das kaputte Teil entdeckt hast, fehlt Dir das entsprechende Werkzeug, um es auszubauen.

2. Wenn Du es ausbauen kannst, muß der Computerhändler es an den Hersteller einschicken.

3. Wenn der Händler es auf Lager hat, ist der Austausch unnötig.

4. Die Reparaturkosten können bestimmt werden, indem man den Reparaturkostenvoranschlag und den Preis für ein neues Gerät jeweils mit zwei multiplizierst und den höheren der beiden Werte nimmt.

5. Ein vom Händler geliefertes Ersatzteil ist in Deinem Computer nicht lauffähig.

6. Das reparierte Teil ist nach dem erneuten Einbau ebenfalls nicht mehr lauffähig.

7. Handelt es sich bei einem Reparaturfall um eine Festplatte, dann wirst Du die darauf gespeicherten Daten nie mehr wiedersehen.

Ausnahme vom siebten Reparaturgesetz:

Du wirst lediglich das Inhaltsverzeichnis der Festplatte wiederherstellen können, um zu sehen, was Dir alles verlorengegangen ist.

Das MCL-Gesetz von der selektiven Gravitation:

Ein aus der Hand fallendes Werkzeug fällt immer so, daß es den größtmöglichen Schaden anrichtet.

Das Zeitdilemma der Hersteller:

1. Kündigst Du ein Produkt zu früh an, dann haben es alle längst vergessen, wenn es endlich erscheint.

2. Kündigst Du es zu spät an, dann ist die Konkurrenz mit gleichartigen Produkten schneller.

3. Es ist immer zu früh oder zu spät.

Folgen (auch »Novells Desaster« genannt):

1. Neuerscheinungen werden immer früher angekündigt, spätestens jedoch sechs Monate vor Fertigstellung des ersten Prototyps.

2. Produkte erscheinen immer nach dem angekündigten Erscheinungstermin, frühestens jedoch sechs Monate nach der Ankündigung.

3. Bis ein Gerät tatsächlich erhältlich ist, ist es veraltet.

4. Die tatsächliche Markteinführung eines Produkts erfolgt immer nach der Ankündigung der Nachfolgegeneration von seiten der Konkurrenz.

Logische Konsequenz (»Windows-98-Syndrom«):

Irgendwann werden sämtliche Hersteller dazu übergehen, Produkte nur noch anzukündigen, um sich Entwicklungs- und Produktionskosten zu sparen.

Franz' Optionalgesetze:

1. Wenn ein Hersteller sagt, sein Gerät habe diese und jene Option, so heißt das nur, daß der Hersteller bewußt eine wichtige Leiterplatte weggelassen hat, damit man sie extra kaufen muß.

2. Die Erweiterung wird mehr kosten als das eigentliche Gerät.

3. Die Erweiterung wird funktionieren, allerdings nicht bei Dir.

4. Wenn Du Dein Computersystem irgendwann einmal verkaufen willst, wirst Du die Erweiterung nicht los.

Udos Bastelerkenntnisse:

1. Ein elektronisches Gerät auseinanderzubauen, ist einfach.

2. Es wieder so zusammenzubauen, daß es hinterher noch funktioniert, unmöglich.

3. Dagegentreten hilft nur bei anderen.

1.1 Computer

Die Leistungsfähigkeit eines Computers setzt sich zusammen aus seiner Intelligenz – also der Anzahl der fest eingebauten Fehler, der Geschwindigkeit, mit der er eine größtmögliche Zahl von Katastrophe produziert und der Antwortzeit – der Zeit, die der Computer braucht, um sich von Deiner Eingabe zu erholen.

Seit Jahren ist die Computerindustrie mit wachsendem Erfolg dabei, die Leistungsfähigkeit und Fehleranfälligkeit ihrer Systeme zu erhöhen und damit eine immer größere Zahl von Supportingenieuren, Reparaturbetrieben, Installationsfachleuten und Troubleshooting-Experten in Lohn und Brot zu setzen. Diesem wachsenden Markt steht auf der anderen Seite die immer geringer werdende Zahl von Firmen gegenüber, die noch ohne Computer in der Lage sind, positive Bilanzen zu erreichen. Ganz zu schweigen von der noch geringeren Zahl von Firmen, die noch in der Lage sind, trotz ihrer Computer positive Bilanzen zu erreichen.

Murphys Gesetz wird, wie wir festgestellt haben, durch den Computer optimiert. Da diese Regel sowohl für das

Computersystem an sich als auch für die Beziehung »Computer/Rest der Welt« gilt, sind die Chancen groß, daß es schon in absehbarer Zeit außer Computerherstellern und Computerreparaturbetrieben keine anderen Firmen mehr gibt, bis auch diese aufgrund obligatorischer Computerfehler Konkurs anmelden und eine Gesellschaft übrigbleibt, in der außer Computerfehlern nichts mehr existiert.

Das endgültige Preis-Gesetz:

Gleichgültig, wie teuer Du ein Computersystem einschätzt: Es wird am Ende stets teurer als erwartet.

Platts Berechnung des endgültige Preis-Gesetzes (auch unter dem Namen »gemeines Erweiterungsfieber« bekannt):

$K > (J * (1000 + A / 15)) + (1,5 * B) + A / 20$

Dabei sind K die Gesamtkosten in Mark nach J Jahren, wenn der Anwender ein jährliches Nettoeinkommen von A besitzt und sich einbildet, sein System würde B Mark kosten.

Beispiel für Platts Berechnung des endgültigen Preis-Gesetzes:

Ein PC, von dem der Verkäufer sagt, er koste 2000 Mark, wird einen Anwender mit einem jährlichen Nettoeinkommen von 36000 DM nach einem Jahr also inklusive Software, Schulungen, Computerbüchern und -zeitschriften sowie der dringend erforderlichen Erweiterungen insgesamt mindestens 8200 Mark kosten: $(1*(3400))+(3000)+1800$.

Update-Erfahrung-Leitsatz:

Die Zeit, in der ein elektronisches Gerät veraltet, ist direkt proportional zu seinem Anschaffungspreis.

Generelle Update-Erfahrung:

Die neue Version funktioniert ohne teure Hardware-Erweiterung nicht.

Verschärfung der Generellen Update-Erfahrung:

Sie funktioniert auch mit teurer Hardware-Erweiterung nicht.

Verschärfungen der Verschärfung:

1. Mit der teuren Hardware-Erweiterung funktioniert auch die alte Version nicht mehr.

2. Baust Du die teure Hardware-Erweiterung aus, wirst Du feststellen, daß Du die alte Version bereits gelöscht hast.

3. Der einzige Mensch, der im technischen Support des Herstellers bei Deinem Problem helfen könnte, hat soeben einen sechswöchigen Urlaub angetreten.

4. Nach Ablauf der sechs Wochen ist er für acht Wochen auf Schulung.

5. Rufst Du danach nochmals an, hat er die Firma verlassen.

6. In jedem anderen Fall wird er Dir auch nicht weiterhelfen können.

7. Für das am dringendsten benötigte Peripheriegerät wird kein funktionsfähiger Treiber verfügbar sein.

Jaruks Wartungsgesetze:

1. Wenn es billiger wäre, einen neuen Computer zu kaufen, besteht die Firma auf Reparatur.

2. Wenn es günstiger wäre, das alte System zu reparieren, besteht die Firma auf dem neuesten Modell.

Erstes generelles Update-Gesetz:

Wenn Du Dich an eine bestimmte Art des Arbeitens mit einem Programm gewöhnt hast, erscheint eine neue Version, die völlig anders bedient werden muß.

Zweites generelles Update-Gesetz:

Eine neue Version eines Programms erscheint auch dann, wenn Du Dich endlich dazu aufgerafft hast, Dir für die Fehler der alten Version Work-arounds zu schreiben.

Logische Erweiterung des zweiten generellen Update-Gesetzes:

Zwar sind die Fehler der alten in der neuen Version nicht behoben, jedoch äußern sie sich auf andere Art, weswegen die Work-arounds der alten Version nicht mehr funktionieren.

Thomas' Erkenntnis vom Fortschritt:

Der einzige Fortschritt bei einer neuen Version ist der, daß die Zahl der Inkompatibilitäten höher ist.

Norberts Ergänzung:

... und daß Du deshalb mehr Geld für weitere Updates ausgeben mußt.

Die Win 98-Installationsregel:

Die Windows-Vorgaben werden auf Deinem Computersystem stets das schlechtestmögliche Ergebnis hervorrufen.

Konkretisierungen:

1. Die Farben werden so installiert sein, daß Du nichts erkennen kannst.

2. Die Schriften werden so installiert sein, daß Du nichts lesen kannst.

3. Die Schnittstellen werden so installiert sein, daß Du die Maus nicht bewegen kannst.

4. Der Desktop wird so installiert sein, daß Du nichts findest.

5. Die Tastatur wird so installiert sein, daß Du nur kryptische Zeichen tippen kannst.

6. Der Drucker wird so installiert sein, daß er nichts druckt.

7. Du wirst bestenfalls als Ländereinstellung »Altgriechisch« bekommen.

8. Datum und Uhrzeit werden das falsche Format haben und außerdem die Systemzeit des kaputtgegangenen Computers auf dem Schreibtisch daneben verwenden.

9. Das von Dir verwendete Netzwerk wird Windows nicht unterstützen.

10. Die einzig möglichen Einstellungen für den Virtuellen Speicher werden 1024 Byte oder 128 Gbyte sein.

11. Du wirst nur dann Sound installiert haben, wenn Du keinen willst.

12. Im anderen Fall wird Windows schweigen.

13. Die mitgelieferten Treiber Deiner Hardware wird Windows nicht finden.

14. Windows wird bei seiner Installation nur diejenigen Treiber und Zusatzprogramme überschreiben, die auf Deinem Computersystem bisher ihre Arbeit klaglos und weitgehend fehlerfrei verrichtet haben und sie durch fehlerhafte und mit Deinem Computersystem nicht zusammenarbeitende ersetzen.

15. Die bislang fehlerhaften oder mit Deinem Computersystem nicht zusammenarbeitenden Treiber und Zusatzprogramme bleiben erhalten.

Verallgemeinerung:

Dein »Windows 98-kompatibles« Programm wird mit jeder Sekunde seiner Existenz mehr inkompatibel. Wo das nicht hilft, hilft Microsoft.

Die »Plug&Play«-Erkenntnis:

1. Dein System ist immer nur 99-prozentig kompatibel.

2. Das von Dir am häufigsten benutzte Programm greift auf das letzte Prozent zu und stürzt unter Datenverlust ab.

Die Styroporvorhersage:

a) Je einfacher die Gebrauchsanleitung (beispielsweise: »hier ziehen«), desto schwieriger ist es, alle Einzelteile heil aus dem Verpackungsmaterial zu schälen.

b) Das wichtigste Teil wird immer mit der Verpackung weggeschmissen.

c) Du wirst alle Einzelteile der Verpackung nie wieder in den umhüllenden Karton bekommen, um diesen wegräumen zu können.

d) Sobald der Computer die Verpackung verlassen hat, wird er nie wieder hineinpassen.

Mengenmäßige Relation der Styroporvorhersage:

Je mehr Verpackungsmaterial zum Einsatz kommt,

a) um so mehr Teile sind nach dem Auspacken zerstört.

b) um so mehr Teile sind nicht mehr aufzufinden.

Die vierzehn Bauteil-Gesetze:

1. Ein kostspieliger Chip, geschützt durch eine schnell wirkende Sicherung, wird die Sicherung schützen, indem er zuerst durchbrennt.

2. Bauteile funktionieren so lange und wirklich nur so lange, bis sie die Eingangskontrolle passiert haben.

3. Nachdem Du bereits alle 16 Halterungsschrauben am Computergehäuse entfernt hast, wirst Du feststellen, daß Du die falsche Abdeckung entfernt hast.

4. Nachdem eine Abdeckung durch 16 Schrauben gesichert wurde, wirst Du feststellen, daß Du ein Anschlußkabel oder eine Steckbrücke vergessen hast.

5. Jeder Schaltkreis, der entwickelt wird, enthält zumindest zwei Teile, die veraltet sind, zwei Teile, die nicht erhältlich sind, und zwei Teile, die noch entwickelt werden müssen.

6. Nachdem der Computer wieder in Betrieb genommen wurde, findest Du restliche Teile auf dem Arbeitsplatz.

7. Toleranzen werden sich in eine Richtung zum Zwecke der größten Schwierigkeiten beim Montieren ansammeln.

8. Die Steckplätze oder Chipsockel, in die Du etwas einstecken oder einbauen willst, sind am schlechtesten zugänglich.

9. Für alle komplizierten Montagen brauchst Du drei Hände.

10. Für alle einfachen Montagen brauchst Du vier Hände.

11. Gehäusebohrungen sind einen zehntel Millimeter zu klein.

12. Ein exakt abgeschnittenes Kabel ist immer fünf Millimeter zu kurz.

13. Bohrungen mit dem richtigen Durchmesser sind an der falschen Stelle.

14. Muttern passen nie auf überzählige Schrauben.

15. Der einzig verfügbare Steckplatz ist für die einzubauende Steckkarte zu kurz.

16. Aufzeichnungen und Pläne haben ihren eigenen künstlerischen Wert. Mit der realen Situation haben sie nichts zu tun.

17. Die Wahrscheinlichkeit des Verschwindens eines Bauteils ist direkt proportional zu seiner Wichtigkeit.

18. Die Wahrscheinlichkeit des Ausfalls eines Bauteils ist umgekehrt proportional zu seiner Wiederbeschaffbarkeit.

19. Die Lieferbarkeit eines Bauteils ist umgekehrt proportional zu den Zusicherungen des Verkäufers.

20. Um eine n-polige Verbindung herzustellen, hat man einen (n+1)-poligen Stecker und eine (n-1)-polige Buchse.

Die Modem-Verschärfungen:

1. Das mitgelieferte Kabel ist immer zu kurz, um es mit der Telefondose zu verbinden.

2. In jedem anderen Fall kommst Du nicht mehr an die Steckdose.

Die Batteriebanalität:

Der Notebook-Akku ist immer eine Minute vor dem nächsten Speichern leer.

Relation zwischen Batterie und Arbeit:

Je mehr ungespeicherten Text man hat, um so schneller entleeren sich die Akkus.

Das Privatnutzungsaxiom:

Computer, die tagsüber perfekt funktionieren, versagen nachts, wenn Du ins Büro zurückgehst, um sie für Privatgeschäfte zu verwenden.

Erweiterung:

Dennoch wird der Netzwerk-Server Deine Aktionen mitprotokollieren und Dein Chef ausnahmsweise Zeit finden, diese Protokolle zu lesen.

Gesetz vom Kundendienst:

Computer, die kaputt sind, funktionieren, so lange der Kundendienst anwesend ist.

1.2 Eingabegeräte

Die Computerindustrie bezeichnet Tastatur, Maus und Trackball gerne als »Benutzerschnittstelle«. Was unter konsequenter Anwendung von Murphys Computergesetzen eigentlich nicht anderes bedeuten kann, als daß sich der Benutzer geschnitten hat, wenn er meint, er könne mit einem dieser Geräte vernünftig arbeiten.

Während eine Tastatur dazu gemacht wurde, mit unlogischen Cursorbewegungen aus unübersichtlichen Menüs schwerverständliche Befehle auszuwählen, die besser per Maus angewählt werden, dienen Maus und Trackball dazu, mit unlogischen Maus- und Trackballbewegungen aus unübersichtlichen Menüs schwerverständliche Befehle auswählen, die besser per Tastatur angewählt werden und

dabei Satz, Inhalt, Subjekt und Objekt durch so lange und komplizierte Satzkonstruktionen durcheinanderzuwürfeln, bis es Autor, Lektor, Leser und Textverarbeitungsprogramm schwindelig wird.

Wirklich zukunftsorientierte Computerbesitzer verwenden deshalb Spracheingabegeräte. Erst mit diesen ist es möglich, die höchste Stufe des Mißverstehens zwischen Computer und Bediener zu erreichen.

Die grundlegenden Tastaturerkenntnisse:

1. Deine Tastatur hat immer eine Taste weniger, als Dein bevorzugtes Programm unterstützt.

2. Deine Tastatur hat immer eine Taste zuviel, die kaputt gehen kann und wird.

Die grundlegende Maus-Erkenntnis über die Kompatibilität:

Kaufst Du Dir eine Drei-Tasten-Maus, wirst Du Dein Leben lang kein Programm finden, das diese dritte Taste unterstützt. In dem Moment, wo Du auf eine Zwei-Tasten-Maus umsteigst, wirst Du vorwiegend mit einem Programm arbeiten müssen, daß die dritte Taste sinnvoll einsetzt.

Die grundlegende Barcodestift-Erkenntnis:

Du wirst mit Deinem Barcodestift alles Unwichtige fehlerfrei einlesen können: Das Etikett Deines Jackets genauso wie den Preis der Frühstücksflocken. Nur an den Barcodes, die Dein Programm ausgibt, wird er scheitern.

Der Trackball/Maus-Unterschied:

1. Du hast immer soviel Platz für eine Maus auf Deinem Schreibtisch, als daß Du die Unannehmlichkeiten eines Trackball-Einsatzes in Kauf nehmen würdest.

2. Du hast immer weniger Platz auf Deinem Schreibtisch, als Deine Maus braucht.

Der Trackball-Vorteil:

Du wirst mit einem Trackball weniger Fehler machen, als mit der Maus, da der Trackball-Treiber stets mangels Kompatibilität einen unbeweglichen Mauszeiger auf dem Bildschirm produziert.

Die grundlegende Systemsteuerungs-Erkenntnis:

Egal, wie Du in der Windows-Systemsteuerung die Maus- und Tastatur-Parameter einstellst, sie sind zum Arbeiten stets unbrauchbar.

Konkretisierungen der grundlegenden Systemsteuerungs-Erkenntnis:

1. Deine Mauszeigergeschwindigkeit ist zu hoch oder zu niedrig.

2. Stimmt Deine Mauszeigergeschwindigkeit, ist Deine Doppelklickgeschwindigkeit zu hoch oder zu niedrig.

3. Ist Deine Maus richtig eingestellt, ist Deine Tastaturwiederholrate zu niedrig oder zu hochhhhhhhhhhh.

Icon-Anwendung der grundlegenden Systemsteuerungs-Erkenntnis:

1. Wenn Du zu schnell auf das Icon klickst, tut sich nichts, weil Du zu schnell geklickt hast.

2. Wenn Du zu langsam auf das Icon klickst, tut sich nichts, weil Du zu langsam geklickt hast.

3. Wenn Du nur einmal auf das Icon klickst, tut sich nichts, weil Du nur einmal geklickt hast.

4. Wenn Du in der richtigen Geschwindigkeit zweimal auf das Icon klickst, tut sich nichts, weil Du nur einmal hättest klicken dürfen.

5. Ansonsten tut sich nichts, weil Windows abgestürzt ist.

6. Im Web tut sich nie was, außer daß der Gebührenzähler tickt.

Das Wurstfingerphänomen:

Tippst Du zwei Tasten gleichzeitig, wird derjenige Buchstabe auf dem Monitor erscheinen, den Du nicht wolltest.

Gesetz der Pulldown-Menüs

1. Du klickst immer den Menüpunkt daneben an.

2. Stehen zwei falsche Menüpunkte zur Auswahl, wird der Mauszeiger denjenigen aktivieren, dessen Auswirkungen am schwerwiegendsten sind und bei dem die meiste Zeit erforderlich wird, den Ursprungszustand wieder herzustellen.

Gregors erster Seufzer:

Es fällt immer die Taste aus, die am häufigsten benutzt wird. Also immer »E« oder die Leertaste, niemals jedoch die »Pause«- oder die »F12«-Taste.

Die Return-Ergänzung zu Gregors erstem Seufzer:

Wenn schon die ⏎-Taste ausfällt, dann ist es die auf der alphanumerischen Tastatur, niemals die auf dem Zahlenblock.

Ausnahme:

Wenn Du überwiegend mit der Maus arbeitest und die Tastatur nur dafür brauchst, um lange Zahlenkolonnen einzutippen, ist es genau umgekehrt.

Gregors zweiter Seufzer:

Es fällt an Deiner Maus immer die linke Taste aus.

Ergänzung zu Gregors zweitem Seufzer:

Wenn Du in der Systemsteuerung die Maustasten austauscht, wird die rechte Taste ausfallen und die linke wieder gehen.

Drei-Tasten-Maus-Verallgemeinerung von Gregors zweitem Seufzer:

An einer Drei-Tasten-Maus wird niemals die mittlere Taste ausfallen.

Das Schnittstellenphänomen

Die Maus steckt immer in der Schnittstelle, die der Maustreiber nicht anspricht.

1.3 Drucker

Ein Drucker zerfällt in den stets verstopften Druckkopf, eine zu kleine Papierzuführung, ein nicht passendes Kabel, ein leeres Farbband beziehungsweise eine leere Tonerkassette sowie eine den Computer nicht verstehende Elektronik – und dies genau in dem Moment, wenn man ihn anschaltet.

Darüber hinaus ist der Drucker der letzte Notnagel digitaler Heimtücke. Schließlich gilt zur Erfüllung von Murphys Gesetz

Die Ultima Ratio des Ausdrucks:

1. Wenn alles funktioniert hat, wird der Drucker versagen.

2. Wenn der Drucker nicht versagt, werden die ausgedruckten Ergebnisse falsch sein.

3. Stimmen die Ergebnisse, wirst Du sie nicht entziffern können.

4. Stimmt alles, interessiert sich niemand für Deine Ergebnisse.

Es gibt vier Kategorien von Druckern, die im nachfolgenden Kapitel gleichberechtigt nebeneinander behandelt werden, da sie keine prinzipiellen Funktionsunterschiede aufweisen:

– Lokale Arbeitsplatzdrucker, die Deine Druckjobs wegwerfen

– Lokale Arbeitsplatzdrucker, deren Treiber Deine Druckjobs wegwerfen

- Netzwerkdrucker, die die Druckjobs der anderen drucken und Deine Jobs wegwerfen

- Netzwerkdrucker, die die Druckjobs der anderen wegwerfen und Deine Jobs wegwerfen

Aldus' Druckgrundsatz:

Ein Ausdruck ist nie vollkommen.

Verallgemeinerung:

Spätestens Dein Druckertreiber wird dafür sorgen, daß alles ausgedruckt wird. Außer dem Wichtigen.

Konkretisierungen der Verallgemeinerung:

1. Dein Tabellenkalkulationsprogramm wird zum Beispiel Zellenrahmen, Raster und Dateinamen, nicht jedoch irgendwelche Zahlen drucken.

2. Dies passiert dann und nur dann, wenn Du den Ausdruck dringend benötigst und keine Zeit hast, Drucker oder Druckertreiber zu wechseln.

Die Manuskript-Konkretisierung von Aldus' Druckgrundsatz:

Den Fehler auf einem Ausdruck entdeckst Du erst, wenn Du Dir die Kopie ansiehst und der Brief mit dem Ausdruck bereits im Briefkasten liegt.

Die Grafik-Konkretisierung von Aldus' Druckgrundsatz:

1. Der Ausdruck paßt nie auf eine Seite.

2. Der Ausdruck paßt auch dann nicht auf eine Seite, wenn Dein Programm Dir in der Preview nur eine Seite angezeigt hat.

3. Paßt er doch, dann ist die Papierabreißkante so verrutscht, daß der Ausdruck dennoch über die Perforation geht.

Der mathematische Druckerpapier-Beweis:

Bei einem auszudruckenden Text der Länge n Seiten ist die zur Verfügung stehende Restmenge Druckerpapier n–1 Blatt.

Die Zwei-Schacht-Erweiterung des mathematischen Druckerpapier-Beweises:

1. Bei einem Drucker mit zwei Schächten wird Dein Windows-Druckertreiber vollautomatisch erkennen, daß der gewünschte Schacht leer ist und auf den anderen Schacht umstellen.

2. Du wirst in diesem Fall die letzten im Haus befindlichen Bögen von Laserformularvordrucken oder teures Briefpapier verhunzen.

Cornelias Diplom-Gesetz:

1. Der Drucker, auf dem Du Deine Diplomarbeit drucken willst, steht Dir einen Tag vor dem Abgabetermin nicht zur Verfügung.

2. Wenn es Dir gelingt, einen zweiten Drucker aufzutreiben, fehlt Dir der Windows-Treiber dafür.

3. Hast Du ihn doch, dann besitzt der zur Verfügung stehende Drucker die Schriften nicht, mit denen Du Deinen Text formatiert hast.

4. Kennt er wider Erwarten die Schriften, dann geht mitten im Ausdruck wahlweise

   – der Toner aus

   – das Farbband aus

   – die Druckwalze kaputt

   – der Druckkopf kaputt

   – die Entwicklereinheit kaputt.

Das TIFF-Gesetz:

1. Ein nicht behebbarer Fehler im Drucker tritt nur dann auf, wenn Du eine sehr große Datei ausdruckst, bei der Windows lange braucht, um sie in den Spooler zu schicken.

2. Wenn der Drucker die Datei anstandslos verarbeitet, hat er Papierstau, druckt auf das falsche Papier oder den falschen Schacht.

3. Dieser Fehler ist beliebig reproduzierbar, es sei denn, Dein Chef fragt Dich, warum Du zum Ausdrucken so lange brauchst.

Das Reimer-Syndrom (auch »gemeiner Etikettenschwindel« genannt):

Ein Drucker wird so lange anstandslos auf Etiketten drucken, solange Du anwesend bist. In dem Moment, wenn Du den Raum verläßt, bleiben die Etiketten im Papiereinzug kleben.

Der Auflösungsdreisatz:

1. »Hohe Auflösung« bedeutet, daß ein Kreis gedruckt aussieht wie Stonehenge von oben – nur verschmiert.

2. »Mittlere Auflösung« bedeutet, daß ein Kreis gedruckt aussieht wie Stonehenge von oben – nur unscharf.

3. »Niedrige Auflösung« bedeutet, daß ein Kreis gedruckt aussieht wie Stonehenge von oben – nur klotziger.

Das Nadeldruckergesetz

1. »Near Letter Quality« bedeutet, daß ein Drucker etwas zu Papier bringt, was so ähnlich wie Buchstaben aussieht.

2. »Letter Quality« ist die Schriftart, bei der man nur beim Hinsehen erkennt, daß sie aus einem Matrixdrucker stammt.

3. »Draft« ist die Bezeichnung für eine Betriebsart, die

   – bei schlechtem Farbband das Papier unverändert hinterläßt und

   – bei neuem Farbband etwa drei Millimeter hohe hellgraue Linien aufs Papier bringt.

   Beides allerdings in höchstmöglicher Geschwindigkeit.

Petras Druckertreiber-Analyse:

Gegeben ist ein Anwendungsprogramm mit beliebig vielen CD-ROMs, auf denen beliebig viele Druckertreiber sind.

Daraus lassen sich folgende Aussagen ableiten:

1. Dein Drucker ist bei der Treibersammlung nicht dabei.

2. Ist ein Treiber für Deinen Drucker dabei, dann ist er kaputt.

3. Ist er vorhanden und nicht kaputt, dann arbeitet er nicht mit der Anwendung zusammen.

4. Ist er vorhanden, nicht kaputt und arbeitet er mit der Anwendung zusammen, dann beherrscht er ausschließlich den altgriechischen Zeichensatz und druckt nur im tibetanischen Dreiecksformat von links unten nach rechts oben.

5. Alternativ arbeitet er nur mit der Betriebssystemversion zusammen, für die Deine Anwendungsprogramme nicht konzipiert sind.

Arthurs Plotter-Erkenntnis:

Der einzige Weg, Plotter und Drucker gleichzeitig anzusteuern ist, Kurven zu drucken und Texte zu plotten.

Das allgemeine PostScript-Postulat (auch als »DDL-Direktive« oder »PCL-Anweisung« bekannt):

1. Die benötigte Schrift fehlt.

2. Ist die Schrift vorhanden, fehlt der gewünschte Schriftschnitt.

3. Ist beides vorhanden, druckt der Drucker sie in der falschen Größe an die verkehrte Stelle.

4. In allen anderen Fällen steigt er mit einer Fehlermeldung aus und bricht den Druckvorgang ab.

Das spezifische PostScript-Postulat (auch als »Postulat vom kleinsten gemeinsamen Vielfachen« bekannt):

1. Was der PostScript-Standard ist, definieren Drucker und Programm völlig unterschiedlich.

2. Die einzige Schrift, auf die sich beide verständigen können, wird Courier 10 pt sein.

Ausnahme des spezifischen PostScript-Postulats:

Satz 2 gilt nur, wenn Du diese Schrift nicht brauchen kannst. Willst Du Courier 10 pt einsetzen, werden Drucker und Programm sich auf die Konvertierung sämtlicher ASCII-Zeichen in die »Zapf Dingbats«-Schrift einigen.

Behme's WYSIWYG-Definition:

Die französische Übersetzung von WYSIWYG ist »Honni soit qui mal y pense«.

Rückübersetzung von Behme's WYSIWYG-Definition:

Die englische Übersetzung von WYSIWYG ist »What You see is what you might get«.

Die WYSIWYNG-Verschärfung:

Sobald bei Dir irgendwelche Hoffnungen auftauchen, Du würdest Dich mit der Arbeit einem Ende nähern, lautet die englische Übersetzung von WYSIWYG »What You see is what you never get«.

Allgemeine Belichtungsregel

Es gibt vier voneinander völlig unterschiedliche Arten der Darstellung eines Dokuments:

1. Die Art, wie es Dein Programm auf dem Bildschirm anzeigt

2. Die Art, wie es Dein PostScript-Drucker druckt

3. Die Art, wie es das Belichtungsstudio ausgibt

4. Die Art, wie Du es gerne hättest

Charles' Grundregel:

Ein Drucker wird nie sowenig Daten bekommen, als daß er nicht mindestens ein Blatt Papier mit Schrottzeichen versauen könnte.

Charles' erweiterte Regel:

Egal wieviel Schrott ein Drucker druckt – er wird dabei mindestens eine Zeile über das letzte komplett vollgeschriebene Blatt hinausdrucken.

Charles' Einzugserkenntnis:

1. Kein Traktor kann Einzelblätter, kein Einzelblatteinzug Endlospapier vernünftig einziehen.

2. Darüber hinaus ist ein Traktor ausschließlich dazu da, Endlospapier schief einzuziehen.

3. Ein Einzelblatteinzug hingegen ist ausschließlich dazu da, Einzelblätter schief einzuziehen.

4. Je komplizierter ein Drucker zu zerlegen ist, um so tiefer wird er das Papier für den regelmäßigen Papierstau-Fehler in sich hineinbefördern.

Murphys Widerspruch zu Charles' Einzugserkenntnis:

Der Drucker zieht in dem Moment sauber und exakt ein, wo es nicht erforderlich ist.

1.4 Massenspeicher

Massenspeicher zerfallen in Disketten-, Band-, ZIP-, CD-ROM- und Festplattenlaufwerke sowie in dem Moment, wo auf ihnen wichtige Daten gespeichert sind.

Der Unterschied zwischen den verschiedenen Laufwerksarten liegt in der Zugriffszeit, worunter in der Computerwelt die Zeitdauer verstanden wird, die ein Laufwerk braucht, um

a) die gesuchte Datei nicht zu finden und

b) während dieser Suche alle anderen wichtigen Dateien so zu zerstückeln, daß es weniger Arbeit bedarf, sie neu einzugeben, als sie zu reparieren.

Bei einem Festplattenlaufwerk (also dem Gerät, das dazu da ist, Dateien zu zerschießen) sind Intelligenz, Perfidie und Heimtücke auf einem sogenannten Festplattencontroller untergebracht. Dieser sorgt unter anderem dafür, daß Dateien prinzipiell fünf Minuten vor dem täglichen Backup ruiniert werden oder daß garantiert unwichtige Dateien (zum Beispiel die README-Datei eines längst gelöschten Programms) von diesem Zerstörungsvorgang auf jeden Fall verschont bleiben.

Band- und Diskettencontroller erfüllen ihre murphyologischen Aufgaben dadurch, indem sie sicherstellen, daß ausschließlich diejenigen Bänder reißen beziehungsweise diejenigen Disketten nicht mehr lesbar sind, auf denen die einzige aktuelle Datenversion gespeichert ist.

Die Backup-Prämissen:

1. Ein Backup braucht immer eine Diskette oder ein Band mehr, als Du vorrätig hast.
2. Ein Backup-Programm wird in dem Moment versagen, wo Du es benötigst.

Erste Ableitung:

Das Backup-Programm wird bei seinem Versagen mit der zerstörten Dateiversion die einzig noch vorhandene Sicherheitskopie überschreiben.

Zweite Ableitung:

Wenn Du das Backup zurückspielen willst, wirst Du feststellen, daß die einzige Version von RESTORE auf der Platte (und nur dort) war, bevor Du sie formatiert hast.

Die CD-ROM-Regel:

Wenn eine CD im Laufwerk klemmt, wende Gewalt an. Wenn das Laufwerk dabei kaputtgeht, hätte es sowieso erneuert werden müssen.

Gesetz von der Geheimhaltung von Dateien:

Wenn eine Information vertraulich ist, bleibt sie aus Versehen als Datei auf der Diskette. Ein eventuell vorhandener Verschlüsselungsmechanismus wurde vergessen.

Erweiterung des Dateigeheimhaltungsgesetzes:

Sie wird zufällig von demjenigen gefunden und gelesen, vor dem sie verborgen wurde.

Das 3M-Formatier-Axiom:

Du wirst eine Diskette, die sich bereits im Laufwerk befindet auf jeden Fall mit der falschen Aufzeichnungsdichte formatieren.

Götz's erste Erkenntnis der allgegenwärtigen Unsicherheit:

Erst wenn Du – beispielsweise beim Formatieren – »J« auf die Frage des Programms: »Sind Sie sicher?« geantwortet hast, fällt Dir ein, daß Du Dir ganz und gar nicht sicher bist.

Götz's verschärfte Erkenntnis der allgegenwärtigen Unsicherheit:

Wenn Du danach die Diskette kontrollierst, bist Du Dir sicher: Du hast soeben Deine wichtigste Datei gelöscht.

Grundregel von der Unentrinnbarkeit klebriger Flüssigkeit (auch der »Cola-und-Süßer-Kaffee-Lehrsatz« genannt):

Du wirst eine Kaffeetasse oder ein Colaglas auf Deinem Schreibtisch nur dann umwerfen, wenn noch Flüssigkeit drin ist.

Folgerungen:

1. Die auslaufende Flüssigkeit bahnt sich mit gnadenloser Präzision den Weg zu der wichtigsten Diskette auf dem Schreibtisch.

2. Ihr Weg dorthin führt über die einzigen Ausdrucke und schriftlichen Entwürfe, von denen weder eine Kopie noch eine Datei existiert.

3. Die Flecken werden auf diesen Aufzeichnungen die wichtigsten Stellen für immer unlesbar machen.

4. An der Zieldiskette angekommen wird die Flüssigkeit in die Schreib-Lese-Öffnung fließen.

5. Stehen mehrere Disketten zur Auswahl, wird die Flüssigkeit in die Diskette fließen, auf der mehr Dateien sind, deren Inhalt nicht wiederbeschaffbar ist.

6. Die Diskette ist anschließend nicht mehr zu lesen.

7. Sind auf der Diskette trotzdem noch einzelne Dateien zu lesen, dann die unwichtigen (zum Beispiel die Textdatei mit dem Einkaufszettel von letzter Woche).

8. Ein Restaurationsprogramm wird alle Sektoren der Diskette wieder lesbar machen. Mit Ausnahme des alles entscheidenden.

Das 3½ Zoll-Müll-Axiom

Die Plastiktütchen, in denen 3½ Zoll-Disketten verpackt sind, dienen einzig dazu, den Müllberg zu vergrößern.

Die Diskettenboxen-Gesetze

1. Du bekommst eine Diskette leichter in die Schachtel hinein als wieder heraus.

2. Die Plastiktrenner in der Diskettenschachtel dienen dazu, Dir den Blick auf die gesuchte Diskette zu versperren.

3. Ansonsten klappen Sie die gesuchte Diskette nach vorne.

4. Eine Diskette ist nie in dem Fach, in dem Du sie suchst.

5. Du wirst den Schlüssel nie vermissen. Nur dann, wenn Du die Box einmal versehentlich abschließt.

6. Diskettenboxen lassen sich nicht stapeln.

7. Sie werden Dir so lange das Gegenteil beweisen, bis Du eine von ihnen berührst. Dann werden alle zugleich umfallen und ihren Inhalt auf dem Fußboden verstreuen.

Satz von der gesundheitsfördernden Wirkung von Diskettenboxen

Wenn Du eine Diskettenbox abschließt, um sie zu transportieren, wird das Schloß aufspringen. Dabei werden sämtliche Disketten herausfallen und sich im größtmöglichen Abstand voneinander im Zimmer verteilen.

Der de-Lates-Seufzer:

Auf einer falschen CD-ROM kannst Du lange und vergeblich suchen.

Murphys Erweiterung des de-Lates-Seufzers:

Du kannst auch auf der richtigen CD-ROM lange und vergeblich suchen.

Evi's Folgerung aus Murphys Erweiterung des de-Lates-Seufzers:

Du kannst auf jeder CD-ROM lange und vergeblich suchen.

Das CD-ROM-Dilemma:

Wenn Du ein CD-ROM-Laufwerk installiert hast, wird jedes Programm, mit dem Du es ansprichst, versuchen, auf dieses Laufwerk schreibend zuzugreifen und abstürzen.

Erweiterung:

Kratzer auf CD-ROMs sind nur da, wo die Daten sind, die Du brauchst.

Regeln von der CD-ROM-Installation:

1. Du hast keinen freien Steckplatz für Deinen SCSI-Adapter mehr.

2. Hast Du noch einen freien Steckplatz, dann ist der SCSI-Stecker zu breit, als das Du ihn einstecken könntest.

3. Wenn Du zwei Steckkarten tauschen willst, um Dein CD-ROM-Laufwerk zu installieren, dann befindet sich

an der einzigen Steckkarte, die Du ausbauen kannst, ein festgeschraubtes Kabel.

4. Die Schraube ist angerostet.

5. Das einzusteckende SCSI-Kabel ist immer möglichst unzugänglich angebracht.

6. Du hast ein CD-ROM-Laufwerk, damit die Installationsprogramme Dir die Daten auf die Festplatte kopieren.

2.0 Software

Software ist der geglückte Versuch, die Fehler der Computerhardware zu optimieren und durch Weiterentwicklung neue Fehler hinzuzufügen.

Software setzt sich zusammen aus Betriebssystemen sowie Textverarbeitungs-, Dateiverwaltungs-, Grafik-, Tabellenkalkulations- und Telekommunikationsprogrammen, die wiederum allesamt nichts anderes sind als verschiedene Erscheinungsformen von in kompilierte Programmzeilen gepackter Hinterhältigkeit.

Die einzige Aufgabe, die Computersoftware aus der Sicht des Anwenders erfüllt – neben der Fähigkeit, die Konten der Hersteller zu füllen – ist, reibungslos, aufgabengemäß und mit hohem Datendurchsatz so zu versagen, daß in kürzestmöglicher Zeit der größtmögliche Schaden angerichtet wird.

Was wiederum für Softwarehersteller bedeutet, daß der finanzielle und personelle Aufwand für Programmentwicklung und -marketing im negativen Verhältnis zu den benötigten Supportausgaben steht. Die einzige Software, die keinen Support benötig, ist folglicherweise diejenige, für die schon vor Markteinführung eine zu große und zu teure Supportabteilung eingerichtet wurde.

Aus Anwendersicht stellt sich allerdings

Die Morschhauser-Frage:

Support? Was ist das?

Eine Frage übrigens, die bis heute noch von niemandem beantwortet werden konnte.

Damit die Anwendungsprogramme beim Ärgern von Anwendern und Programmierern nicht so alleine sind, gibt es Betriebssysteme sowie grafische Benutzeroberflächen. Hier gilt die

Allgemeine Warp-Erkenntnis:

Grafische Benutzeroberflächen sind der geglückte Versuch, die Fehler von Computerhardware, Peripheriegeräten, Entwicklungsumgebungen, Programmiersprachen, Anwendungsprogrammen und Tools zu optimieren und durch Weiterentwicklung neue und verheerendere Fehler hinzuzufügen.

Grundsatz zum Verständnis der Softwareindustrie:

Alle großen Softwareentwicklungen wurden aufgrund gravierender Programmfehler verwirklicht.

Erste Folgerung aus dem Softwaregrundsatz:

Jedes Programm hat Fehler.

Zweite Folgerung aus dem Softwaregrundsatz:

Jedes Programm hat immer einen Fehler mehr.

Dritte Folgerung aus dem Softwaregrundsatz:

Die Beseitigung eines Fehlers ruft mindestens zwei neue hervor.

Persönliche Ableitung aus dem Softwaregrundsatz:

Wenn die Fehler sich bemerkbar machen, dann bei Dir.

Erster logischer Umkehrschluß aus der Existenz von Utilities:

Die Tatsache, daß es sehr viele kleine, nützliche Programme gibt, beweist, daß es auch sehr viele große, unnütze Programme gibt.

Zweiter logischer Umkehrschluß aus der Existenz von Utilities:

Die Tatsache, daß es sehr viele große, unnütze Programme gibt, beweist, daß es noch mehr kleine unnütze Programme gibt, da es ja mehr kleine als große Programme gibt.

Boris' Folgerung:

Die Effektivität eines Programms ist umgekehrt proportional zum Verkaufspreis.

Die Expertenerkenntnis:

Expertensysteme erkennt man daran, daß sie auf die Wissenseingabe »eine Rose riecht besser als ein Kohlkopf« den Schluß ziehen, sie geben eine bessere Suppe.

Hans Matthöfers Widerspruch zur Expertenerkenntnis:

Künstliche Intelligenz ist besser als natürliche Dummheit.

Gertis Widerlegung des Matthöfer-Widerspruchs:

Jedes Programm, von dem seine Programmierer behaupten, es würde die Eigenschaften künstlicher Intelligenz besitzen, hat in seinem Datenbestand soviel natürliche Dummheit angereichert, daß es beliebig viele, intelligent klingende und zutiefst falsche Anworten geben kann.

Heinis Erkenntnisse über Computerspiele:

1. Es fehlt Dir immer ein Punkt zum neuen Highscore.

2. Hast Du ein Spiel so lange gespielt, bis Dich niemand schlagen kann, wird ein Freund es zum ersten Mal spielen und problemlos Platz eins der Highscoreliste erreichen.

3. Bist Du der Beste, wird sich niemand dafür interessieren.

Manfreds Erkenntnisse über Computerspiele und Infotainment-Software:

1. Das Programm, das Du Dir kaufst, ist nicht den Preis wert, den es gekostet hat.

2. Kein Programm ist so gut, wie das Bild auf der Verpackung.

3. Eine gute Kritik in einer Zeitschrift besagt nur, daß das Programm dem Redakteur gefallen hat. Du wirst immer einen anderen Geschmack haben als er.

4. Das merkst Du aber erst nach dem Kauf.

5. Lernsoftware muß nicht funktionieren. Wie der Name sagt, übt sie doch noch.

Hilfe zum Unterscheiden von digitalem Video:

1. Es ist »AVI«, wenn Du ein briefmarkengroßes Fenster auf den Bildschirm bekommst, in dem wabernde Pixel Fangen spielen.

2. Es ist »Quicktime«, wenn Du ein briefmarkengroßes Fenster auf den Bildschirm bekommst, in dem bunte Streifen unbeweglich verharren.

3. Es ist »MJPEG«, wenn kein Programm die Datei lesen kann.

4. Es ist »MPEG«, wenn Dein Rechner abstürzt.

5. Es ist »MPEG2«, wenn Du zuwenig Speicher zum Abspielen hast.

Postulat der Multifunktionalität:

Je weniger Funktionen ein Programm hat, um so perfekter wird es sie ausführen.

Ableitung für integrierte Pakete:

1. Je mehr Funktionen auf der Rückseite der Verpackung angepriesen werden, um so weniger wird das Programm beherrschen.

2. Wenn draufsteht »für alle Anwendungen« ist es für niemanden brauchbar.

3. Alle Funktionen, wegen denen Du das Programmpaket gekauft hast, müssen als Spezialmodule extra bezahlt werden.

Doppeltes Gesetz von der Erfolgs-/Entwicklungs-Relation:

1. Je mehr Entwicklungsarbeit in ein Programm gesteckt wird, um so weniger Leute werden es kaufen.

2. Je weniger Entwicklungsarbeit in ein Programm gesteckt wird, um so mehr Leute werden es kaufen und die darin entdeckten Fehler finden.

Erste Folgerung aus der Erfolgs-/Entwicklungs-Relation:

Je mehr Fehler in einem Programm stecken, um so schlechter ist der Support.

Zweite Folgerung aus der Erfolgs-/Entwicklungs-Relation:

Nur das Programm, das niemand braucht, läuft fehlerfrei.

Das Originalprogramm-Dilemma:

Wenn Du ganz dringend ein Programm brauchst, ist es ausgeliehen und der Entleiher telefonisch nicht erreichbar.

Die Raubkopie-Erweiterung:

Ist der Entleiher telefonisch erreichbar, war das Programm eine Raubkopie, die er aus Versehen von seiner Festplatte gelöscht hat.

Die Problem-Prämissen:

1. Wenn man dringend die Software-Hotline braucht, ist Dein Telefon kaputt oder die Nummer besetzt.

2. Wenn Du das Freizeichen bekommst, ist Wochenende und folglich keiner zu erreichen.

3. Kommt das Freizeichen und es ist ein Werktag, dann ist an diesem Tag die Hotline nicht besetzt.

4. In jedem anderen Fall ist der einzige Mensch, der Dir bei Deiner Frage weiterhelfen kann, krank oder im Urlaub.

5. Im Webprogramm des Herstellers findest Du keinen Hinweis.

Allgemeines Dringlichkeitsaxiom:

Alle Dinge werden unter Druck schlimmer.

Mathematische Definition des allgemeinen Dringlichkeitsaxioms:

$$D = (P^Z/K) * (C + A + N)$$

Wie man sehen kann, kann die Dringlichkeit D jederzeit beliebig groß werden. P ist die Anzahl der Probleme, Z der Kehrwert der verbliebenen Zeit und K die Kompetenz des mit der Lösung des Softwareproblems Betrauten (es gilt $0 < K < 1$). Die Anzahl der Probleme P ist eine Unbekannte, für die generell gilt $P > 0$. Sollte P bekannt sein, so gilt $P = P + 1$.

Der Wert P^Z/K ist mit der Summe $C + N + A$ malzunehmen, wobei C die Anzahl der betroffenen Computer, A die Zahl der verschiedenen Anwenderprogramme in der Firma und N die Zahl der Computer ist, die in mindestens einhundert Metern Umkreis um den mit der Lösung des Softwareproblems Betrauten herum in einem Netzwerk zusammengeschlossen sind.

Erstes Gesetz von der Speicherung von benutzerdefinierten Einstellungen:

Dein Programm wird immer nur die Einstellungen speichern können, die unnötig sind.

Zweites Gesetz von der Speicherung von benutzerdefinierten Einstellungen:

Ein Programm wird immer nur die Einstellung speichern wollen, die es nicht speichern soll.

67

Drittes Gesetz von der Speicherung von benutzerdefinierten Einstellungen:

Ein Programm wird immer die Einstellungen nicht speichern können, die notwenig sind und bei denen der Aufwand, die Einstellungen einzurichten, maximal groß ist.

Das Speicher-Paradoxon:

Wenn Du den Auswahlpunkt »Einstellungen nach dem Beenden nicht speichern« einstellst, wird diese Einstellung gespeichert.

Folgerung aus dem Speicher-Paradoxon:

Der Auswahlpunkt »Einstellungen nach dem Beenden speichern« wird immer falsch eingestellt sein.

Die Multitasking-Regeln:

1. Laufen zwei Prozesse gleichzeitig, wird der unwichtige dem wichtigen Rechenzeit wegnehmen.

2. Der Absturz eines Multitasking-Tasks wird nur dann erfolgen, wenn es der Anwender nicht kontrollieren kann, und dies unter dem maximal möglichen Datenverlust sowie zum ungünstigsten Zeitpunkt.

3. Besonders gerne stürzen darum Hintergrund-Tasks ab.

4. Vordergrund-Tasks stürzen genauso gerne ab.

5. Jeder Task wird beim Absturz alle anderen Tasks sowie Benutzeroberfläche und Betriebssystem mitnehmen.

6. Jeder Task wird dabei mit dem Absturz so lange warten, bis sich in allen anderen Tasks genügend nicht-

gespeicherte und unwiederbringliche Daten angesammelt haben.

7. Sofern in irgendeinem Task ein Auto-Save installiert ist, wird das Speichern über den Cache-Controller erfolgen, was dazu führt, daß die Daten beim Absturz nicht auf die Festplatte geschrieben werden.

8. Ist kein Cache-Controller installiert, wird der Absturz während des Speichervorgangs erfolgen, was zum Verlust aller, inklusive der bereits früher geschriebenen Daten führt.

9. In jedem anderen Fall ist anschließend die Festplatte kaputt.

Der Doktor-Watson-Dreisatz:

1. Du kannst niemals einem Softwarefehler entgehen, indem Du ihn zu vermeiden versuchst oder probierst, ihm auf die Spur zu bekommen.

2. Im besten Fall wird ein installiertes Wächterprogramm versagen und mit seinem Versagen die bereits vorhandene Panne unterstützen.

3. Der einzige Unterschied beim Einsatz eines Wächterprogramms ist der, daß Du vor dem Absturz dreimal »OK« klicken mußt.

Die Weisheiten der wahnsinnigen Wartezeit:

1. Wenn Du denkst, jetzt hast Du lange genug gewartet – dann verwandelt sich der Mauszeiger in eine Sanduhr.

2. Wenn Du denkst, Du hast noch nicht genug gewartet, ist Dein Rechner abgestürzt.

3. Wenn Du denkst, Dein Rechner sei abgestürzt und Du bootest neu, war er es nicht.

4. Wenn Du denkst, Dein Rechner sei nicht abgestürzt, ist er es doch.

5. Du hoffst immer vergebens.

Das fünffache Sanduhr-Phänomen (in Macintosh-Kreisen auch als »Armbanduhr-Wunder« bekannt):

1. Du bootest Deinen Rechner nach langer Wartezeit vor der Sanduhr just eine halbe Sekunde, bevor er mit seiner Aktion doch noch fertig wird.

2. Die Wiederherstellung des Zustands, in dem sich Dein Computer vor dem Booten befand, dauert mindestens zehnmal so lange wie der Bootvorgang.

3. Dieser Faktor ist unabhängig von der Länge des Bootvorgangs. (Merke: Je kürzer, desto länger dauert die Wiederherstellung; je länger, desto länger dauert die Wiederherstellung.)

4. Wenn Du Dir den Bootvorgang sparen willst, ist der Computer unwiederbringlich abgestürzt.

5. Alle Alternativen bringen den Verlust unwiederbringlicher Daten mit sich.

Die ultimative Definition einer grafischen und interaktiven Oberfläche:

Dreck 'n drop

Relation zwischen Zeit, Software und Verwaltung:

Zur Bedienung von Zeitverwaltungsprogrammen, die Dir helfen, täglich eine Stunde zu sparen, wirst Du täglich zwei Stunden brauchen.

Folgerung aus der Relation zwischen Zeit, Software und Verwaltung:

Du hast also pro Tag drei Stunden weniger Zeit.

Verdeutlichungen:

1. Das ist unabhängig davon, ob Du Dein Zeitverwaltungsprogramm tatsächlich einsetzt oder nicht.
2. Im übrigen ist der wichtigste Termin am Tag ohnehin bereits vorbei, wenn Du das Programm startest.

Die grundlegende Viren-Erkenntnis:

Computerviren verbreiten sich prinzipiell über »garantiert unverseuchte« Programm- und Betriebssystemdisketten.

Die allgemeine Viren-Erkenntnis:

Du bekommst einen Computervirus genau dann, wenn Du denkst, Du hättest keinen.

Die terminierte Viren-Erkenntnis:

Du bekommst einen Computervirus genau dann, wenn Du ihn am wenigsten brauchen kannst.

Die partnerschaftliche Viren-Erkenntnis:

Garantiert ungefährliche und leicht zu entfernende Viren bekommen immer nur die anderen.

Die geografische Viren-Erkenntnis:

Du bekommst immer diejenige Sorte von Computerviren,

- von denen die Experten sagen, daß sie in unserem Land noch nicht aufgetreten sind,
- für die es noch keine Virensuchprogramme gibt,
- die eine neue Qualität in Heimtücke und Destruktivität aufweisen.

Die quantifizierte Viren-Erkenntnis:

Du hast immer einen Virus mehr, als Du glaubst.

Die qualifizierte Viren-Erkenntnis:

Der Virus, der Deinen Computer befällt, verseucht nur die Dateien, von denen Du kein Backup hast.

Die erweiterte qualifizierte Viren-Erkenntnis:

Wenn Du von allen Dateien ein Backup hast, hat der Virus auch diese bereits verseucht.

Die vernetzte quantifizierte Viren-Erkenntnis:

Der Virus hat immer einen Arbeitsplatzrechner mehr befallen, als Du glaubst.

Die rekursive Viren-Erkenntnis:

Ein eingesetztes Virensuchprogramm wird ausschließlich diejenigen Viren erkennen und bekämpfen, die Du nicht hast. Den Virus, der Deinen Computer befallen hat, wird es ungeschoren lassen.

Die ergänzte rekursive Viren-Erkenntnis:

Ein Virensuchprogramm, auf Deinem Computer eingesetzt, wird bei seinem Suchlauf alle Text- und Programmdateien irreparabel zerstören und lediglich den Virus übrig lassen.

Folgerung aus der ergänzten rekursiven Viren-Erkenntnis:

Das einzige, was am Ende auf Deinem Computer noch lauffähig ist, wird der Virus sein.

2.1 Textverarbeitung

Textverarbeitungsprogramme sind der geglückte Versuch, nichtsahnenden Menschen 1500 Mark für das Versprechen abzuknöpfen, er könne mit rund 300 leicht zu merkenden Befehlen Schreibmaschine und Tippex ersetzen und hätte trotz des Programms noch die Zeit, sich auf das zu konzentrieren, was er eigentlich schreiben will.

Neben der eigentlichen Arbeit des Schreibens kann der Anwender mit einer Textverarbeitung noch eine Menge nützlicher Dinge tun. Das ist zuallererst und im wesentlichen die Erlernung der Bedienung des Textverarbeitsprogramms selber. Hat er daneben noch ein wenig Zeit, kann er gegen die Hilfe des Textverarbeitungsprogramms zusätzliche Arbeiten erledigen lassen.

Zum Beispiel die *Arbeit mit Textbausteinen* (eine Art Floskelgenerator zum Einfügen unnötiger Textpassagen an Stellen, an denen sie nicht passen), die *Verwaltung von Kopf- und Fußnoten* (die automatisch dorthin plaziert werden, wo sie den Autor stören und der Leser sie nicht findet) oder die *Serienbrieffunktion* (mit der man veraltete Adressen in einen überflüssigen Brief automatisch so einfügen kann, daß die Hälfte der Adressen falsch ausgedruckt wird und so die Rücklaufquote durch die Post mit dem Vermerk »unbekannt« über neunzig Prozent liegt; die anderen zehn Prozent werden von den Empfängern weggeschmissen).

Wie alle Programmgattungen, die vornehmlich zur sogenannten »Informationsverarbeitung« verwendet werden sollen, dienen auch Textverarbeitungsprogramme dazu, den von Wilhelm Tore in die Welt gesetzten Traum der »Information at your fingertips« umzusetzen. Nach murphyologischen Erkenntnissen ist dieser Traum längst Wahrheit geworden, sofern man ihn nur richtig übersetzt: »wasserfeste Druckerfarbe an den Händen«.

Unverrückbare Gesetze der Textverarbeitung:

1. Wenn du ein Wort löschen willst, verschwindet garantiert die ganze Zeile.

2. Wenn Du eine Zeile löschen willst, verschwindet ein ganzer Absatz.

3. Wenn Du einen Absatz löschen willst, verschwindet der ganze Text.

4. Wenn Du den ganzen Text löschen willst, passiert gar nichts.

Logische Konsequenz:

Keiner dieser Vorgänge ist rückholbar.

Stoyes Regel von der natürlichen Nonsensmaximierung:

Der Silbentrenner wird Wörter stets so trennen, daß das Resultat den größtmöglichen Nonsens ergibt. »Urinstinkt« wird immer dann »Urin-stinkt« getrennt, wenn Du es nicht bemerkst.

Sülings Gesetz von der Arbeit mit automatischen Rechtschreibprüfungen:

Deine Rechtschreibprüfroutine kennt nur Wörter, die auch ein Grundschüler fehlerfrei schreiben kann.

Erste Erweiterung von Sülings Gesetz:

Die zum Ersetzen angebotenen Vorschläge sind immer falsch.

Zweite Erweiterung von Sülings Gesetz:

Erweiterungen des Wörterbuchs führen stets dazu, daß mehr falsche als richtige Wörter aufgenommen werden.

Folgerung:

Die Unsicherheit steigt ständig.

Michaels Einsicht in das Wesen der Tastaturbelegung:

Wenn Du Dich an die Tastaturbelegung eines Programms gewöhnt hast, erscheint eine neue Version, in der alles komplett umgestellt ist.

Liesls Erkenntnis:

1. Je teurer das Update auf die neue Version, um so geringer der Nutzen.

2. Je höher die Versionsnummer, um so größer der Speicherverbrauch.

3. Das Feature, auf das Du seit Jahren wartest, wird auch in der neuen Version nicht implementiert sein.

Axiom vom hinterhältigen Druckfehler:

Du findest den entscheidenden Fehler in Deinem Text erst, wenn Du den Text ausgedruckt und die Datei gelöscht hast.

Die unveränderlichen Regeln beim Textformatieren in Desktop-Publishing-Programmen:

1. Wenn Du einen Text positionieren willst, paßt die letzte Zeile nicht mehr auf die Seite.

2. Formatierst Du den Text um die kleinstmögliche Einheit kleiner, ist der Text zu kurz.

Die OCR-Regel:

Wenn ein Texterkennungsprogramm eine Erkennungsrate von 99,95 Prozent hat, bedeutet das nur, daß Deine Texte stets zu den 0,05 Prozent gehören, die Du zu 100 Prozent neu tippen mußt.

Das Gesetz von der Arbeit mit fremdsprachlichen Texten:

Übersetzungsprogramme werden stets bestrebt sein,

– die falschen Originaldateien zu bearbeiten

– die Ergebnisse in das falsche Fenster auszugeben

– mit falschen Ergebnissen die richtige Originaldatei zu überschreiben.

In jedem anderen Fall werden sie aus der Liste möglicher Alternativen die jeweils so geringfügig falsche Übersetzung wählen, daß Dir der Fehler nicht auffällt, aber beim Empfänger das größtmögliche Mißverständnis ausgelöst wird.

2.2 Datenbanken

Dateiverwaltungsprogramme und Datenbanken sind der geglückte Versuch, nichtsahnenden Menschen 1500 Mark für das Versprechen abzuknöpfen, er könne mit rund 300 leicht zu merkenden Befehlen seinen Zettelkasten ersetzen und hätte trotz des Programms noch die Zeit, sich an das zu erinnern, was er ursprünglich damit anfangen wollte.

Dateiverwaltungsprogramme und Datenbanken sind, wie der Name sagt, in erster Linie Verwaltungsprogramme, mit denen man Dinge auf die lange Bank schieben kann. Wie bei Bürokratien üblich, stehen das, was man vorne hineinsteckt (also die Datensätze), das was hinten herauskommt (also die sortierten Datensätze, Listen oder ähnliches) und die Zeit dazwischen in keinem Verhältnis.

Obwohl in allgemeiner Form prinzipiell für alle Programmarten zutreffend, gilt für Dateiverwaltungsprogramme ganz besonders das

Gesetz des Dauerverhältnisses:

Egal, wie die Verhältnisse in Deiner Datenbank aussehen oder sich verändern – alles dauert immer länger, als nach Deiner pessimistischsten Prognose.

Keine Programmart entwickelt schließlich soviel Ausflüchte (Programmiererslang: »Fehlermeldungen«), um das, was man eingegeben hat, nicht wieder herausrücken zu müssen, wie Datenbanken und Dateiverwaltungsprogramme.

Das Zorro-Gesetz:

1. Egal wie groß Du eine Maske anlegst. Sie hat immer zuwenig Felder.

2. Wenn dennoch genug Felder definiert sind, sind diese zu kurz.

Andis Erkenntnis von der diebischen Dateiverwaltung:

Wenn Du Dich darüber ärgerst, daß Du in Deinem Datenverwaltungsprogramm die Feldlängen nicht verlängern kannst: Sei beruhigt. Dein Programm wird auf jeden Fall in der Lage sein, die Feldlängen willkürlich zu verkürzen, und dabei die nun überflüssig gewordenen Daten wegwerfen.

Gesetz von der Minimierung der Informationsmenge:

1. Wenn Du eine Datenbank mit n Datensätzen anlegen willst, kann das einzige verfügbare Dateiverwaltungsprogramm bestenfalls n-1 Datensätze verwalten.

2. Das wird Dir von dem Programm allerdings erst dann mitgeteilt, wenn Du n-2 Datensätze bereits eingegeben hast.

Das MIS-Axiom:

Dein Management-Informationssystem wird stets

- in den richtigen Datenbanken nach den falschen Daten suchen

- in den falschen Datenbanken nach den richtigen Daten suchen

- in den falschen Datenbanken nach den falschen Daten suchen

Ansonsten wird es zwar in den richtigen Datenbanken nach den richtigen Daten suchen, diese jedoch falsch oder gar nicht ausgeben.

In jedem anderen Fall sind die gefundenen Daten für Dein Problem irrelevant.

Umsetzung des MIS-Axioms:

1. Die wahre Funktion eines Management-Informationssystems ist, daß Dein Chef erkennt, daß die Anschaffung des entsprechenden Programms entgegen Deiner Behauptung unsinnige Geldverschwendung war.

2. Er wird Dich dafür verantwortlich machen.

Die Foxbase-Definition:

xBase = uBase

Konkrete Anwendungen der Foxbase-Definition:

1. dBase-kompatible Datenbanksysteme sind es nicht.

2. Jeder kann Dich vom Gegenteil überzeugen. Mit Ausnahme Deines Quellcodes.

Das dreifache Foxbase-Dilemma:

1. Du hast immer ein ENDIF zuviel.

2. Ansonsten hast Du eines zuwenig.

3. Stimmt die Zahl der ENDIFs, dann gibt es ein IF zuviel oder zuwenig.

Erste Erweiterung:

Dieses gilt auch für jegliche andere Schleifenkonstruktion.

Zweite Erweiterung:

Eine Schleifenvariable erreicht stets den Wert, den sie gar nicht erreichen kann.

Gesetz vom Zeitverhalten in Datenbanken:

Egal, wie Deine Datenbankstruktur aussieht: Das von Dir benutzte Datenbankprogramm wird beim Sortieren oder Suchen das schlechteste Zeitverhalten an den Tag legen. Liegen beispielsweise Deine Datensätze völlig unsortiert vor, sucht Dein Programm lediglich vorsortierte Datensätze in einer annehmbaren Zeit heraus.

Das Adreß-Axiom:

Egal, wie viele Adressen Du in einer Datenbank gespeichert hast: Diejenige, die Du suchst, ist noch nicht eingegeben, sondern steht auf einem Schmierzettel.

Tonis Erweiterungen des Adreß-Axioms:

1. Den Zettel, auf dem die einzugebende Adresse steht, wirst Du nicht mehr finden.

2. Der erste Kollege, den Du nach der Adresse fragst, wird sie Dir hohnlachend auswendig sagen.

3. Sekunden später wirst Du den Zettel mit der Adresse finden.

4. Ist eine Adresse dennoch in der Datenbank gespeichert, hat sie sich inzwischen geändert oder die Telefonnummer stimmt nicht mehr.

Die »D-Info«-Erweiterung des Adreß-Axioms:

Wenn Du eine Adresse in Deiner Datenbank mit den Angaben aus der D-Info überschreibst, wirst Du feststellen, daß die Angaben auf der D-Info veraltet waren.

Die Retrieval-Erkenntnis:

Die einzigen Suchworte, die Deine Volltextdatenbank zuverlässig indiziert und findet, sind die, die Du von der Indizierung ausgenommen hast, wie »der«, »eine« oder »und«.

Die Multimedia-Erkenntnis:

1. Wenn Du in Deiner Bilddatenbank nach einem Bild suchst, wirst Du Dich zwar noch an das Bild, jedoch nie an das Stichwort erinnern, mit dem Du es wiederfinden kannst.

2. Die Bilder im Bildübersichtsfenster sind stets so klein, daß Du auf das falsche Bild klickst – mehrmals.

Die Korrelations-Erkenntnis:

1. Daten verändern sich zum Schlechten, wenn Du sie beobachtest.

2. Daten verändern sich auch zum Schlechten, wenn Du Sie nicht beobachtest.

3. Datenverschlechterungen in mehreren Fenstern veranstalten Wettrennen.

Die Formular-Erkenntnisse:

1. Formularmanagement ist der gelungene Versuch, bürokratische Fehler mit Computerfehlern zu kombinieren, um bürokratische Computerfehler zu bekommen, die Deine Arbeit behindern und die Bürokratie optimieren.

2. Du wirst in Deiner Formulardatenbanksoftware immer nur solche Formulare zur Verfügung haben, die zu Deinen Daten nicht passen und nur unter großem Aufwand und unter Aufgabe jeglichen inhaltlichen Bezugs innerhalb der Datensätze in das Formular gepreßt werden können.

Die Archivierungs-Erkenntnis:

Dokumentenverwaltungssysteme werden verwendete Dokumente

– nicht in der nötigen Geschwindigkeit speichern

– an den falschen Plätzen ablegen

– fehlerhaft indizieren

– falsche Querverweise aufbauen

– mit den falschen Dokumenten verknüpfen

– nicht wieder ausgeben.

In jedem anderen Fall wird es Dir nicht möglich sein, gefundene Dokumente auf dem Bildschirm wieder darzustellen oder auszudrucken.

Die Oberflächen-Erkenntnis:

Datenbank-Oberflächen sind dazu da, Dich nicht durchzulassen.

Konkretisierungen:

1. Deine Datenbankoberfläche wird diejenige sein, die am umständlichsten zu bedienen ist.

2. Vergleichbare Programme, die Du bei anderen siehst, könntest Du sofort und im Schlaf bedienen.

Die Serienbrief-Erkenntnis:

Der Datenaustausch zwischen Textverarbeitung und Adressenverwaltung wird nur dann funktionieren, wenn die übertragene Adresse unvollständig oder falsch ist.

2.3 Grafikprogramme

Grafikprogramme sind der geglückte Versuch, nichtsahnenden Menschen 1500 Mark für das Versprechen abzuknöpfen, er könne mit rund 300 leicht zu merkenden Befehlen Bleistift, Lineal und Radiergummi ersetzen und hätte trotz des Programms noch die Zeit, sich auf das zu konzentrieren, was er ursprünglich eigentlich zeichnen wollte.

In die Kategorie der Grafikprogramme fallen für professionelle Arbeiten unbrauchbare Malprogramme, für künstlerische Arbeiten unbrauchbare Zeichenprogramme sowie für jeden klar denkenden Menschen unbrauchbare CAD-Programme.

Malprogramme geben Farben auf dem Bildschirm richtig, auf dem Farbdrucker falsch und auf dem Schwarzweißdrucker gar nicht wieder. Zeichen- und CAD-Programme hingegen geben einfarbige Linien auf dem Bildschirm richtig und auf Farb- und Schwarzweißdruckern falsch wieder. Alle drei Programmarten geben jedoch auf jeden Fall das, was auf dem Bildschirm schwarz beziehungsweise weiß war, auf dem Ausgabegerät schwarz beziehungsweise schwarz wieder.

Die Rücknahme-Präzisierungen:

1. Die Undo-Funktion funktioniert nur, solange Du sie nicht brauchst.

2. Im besten Fall nimmt sie die Aktion zurück, die Du als vorletztes durchgeführt hast. Die Auswirkungen Deiner letzten Aktion bleiben in diesem Fall erhalten.

Gesetze vom phantasievollen Bildschirmadapter:

1. Ellipsen werden als treppenförmige Eier dargestellt und ausgedruckt.

2. Treppenförmige Eier bleiben treppenförmige Eier.

3. Eine Linie beginnt immer ein Pixel daneben.

4. Kreise sind keine Kreise.

5. Ein 10-Punkt-Raster mit 32 Grad Neigung wird spätestens auf dem Drucker zu einem schmierigen Etwas.

6. Auch jedes andere Raster wird spätestens auf dem Drucker zu einem schmieriges Etwas.

7. Auch jedes Füllmuster wird spätestens auf dem Drucker zu einem schmieriges Etwas.

8. Eine als schmieriges Etwas angelegte Fläche wird spätestens auf dem Drucker ein geometrisch exaktes, sofort als Computergrafik erkenntliches, unbrauchbares Etwas.

Ausnahmen:

1. Sollen zwei Linien ein Pixel Abstand voneinander haben, dann werden sie sich überlappen.

2. Kreise sind dann (und nur dann) Kreise, wenn Du sie als Ellipsen zeichnest. Dann wird sie der Drucker korrekt als treppenförmige Eier ausgeben.

3. Eine Verwischfunktion erzeugt immer gleichmäßige, exakt parallele Linien.

Die Animations-Allegorie:

»Drag and drop« ist die Methode, etwas sehr langsam und mühevoll über den Bildschirm zu bewegen. Animation auch.

Präzisierung der Animations-Allegorie:

Wenn der Hersteller eines Grafik- oder Webdesign-Programms behauptet, sein Produkt unterstütze »Animated GIFs«, dann bedeutet das nur, daß er Dich dazu animieren will, sein Produkt zu kaufen.

Digitale Einsamkeitsregel:

Dein Grafikprogramm ist das einzige auf dem Markt, daß

– die mit Deinem Scanner eingelesenen Bilder nicht verarbeiten kann

– Deine Textverarbeitung nicht versteht

– mit Deinem DTP-Programm nicht zusammenarbeitet.

Konsequente Fortführung der digitalen Einsamkeitsregel:

Dies bemerkst Du erst, wenn die Rechnung für das Programm bezahlt ist.

Andreas' Font-Regeln:

Es gibt nur drei Arten von Schriften:

1. Die häßlichen.

2. Die falschen.

3. Diejenigen, die Dein Drucker nicht druckt und das Belichtungsstudio nicht verarbeiten kann.

Die EPS-Verschärfung:

1. EPS-Dateien, die Dir vorliegen, werden nie alle Schriften eingebettet haben.

2. Das wirst Du erst nach der Belichtung feststellen.

Ernsts Organigramm-Seufzer:

1. Du wirst ein Organigramm nie komplett ins Arbeitsfenster bekommen.

2. Du wirst es auch nicht komplett auf eine Druckseite bekommen.

3. Du wirst es auch nicht auf mehrere Druckseiten bekommen.

4. Du wirst es überhaupt nicht bekommen.

Erste Verschärfung:

Der entscheidende Fehler ist stets außerhalb des Bildschirms.

Zweite Verschärfung:

Erst wenn Das Ablaufdiagramm als Ausdruck auf dem Schreibtisch Deines Chefs liegt, wirst Du feststellen, daß Du vergessen hast, die entscheidenden Teile vor dem Ausdruck wieder einzublenden.

Dritte Verschärfung:

Die einzige Managementposition, die Deine Organigramm-Software stets unterschlagen wird, ist die Deines Chefs.

Bildhafte Erkenntnisse:

1. Kein Bildverarbeitungsprogramm ist in der Lage, aus einer verschwommenen, unscharfen Vorlage etwas anderes zu machen als etwas Verschwommenes und Unscharfes.

2. Kein Bildverarbeitungsprogramm ist in der Lage, aus einer vorzüglichen Vorlage etwas anderes zu machen als etwas Verschwommenes und Unscharfes.

Die TNT-Regel:

Der Zusammenhalt innerhalb kombinierter Grafikobjekte bei einem Grafik- oder DTP-Programm ist nur so lange stabil, wie Du es in Ruhe läßt. Sobald Du versuchst, mit ihm etwas zu tun – es beispielsweise zu verschieben, umzufärben oder anzusehen – werden die einzelnen Objektteile sich gegeneinander so verschieben, daß es Dir unmöglich ist, sie jemals wieder passend zueinander anzuordnen.

Logische Ausnahme:

Nicht zusammengehörende Teile wirst Du nie wieder voneinander trennen können.

Michaels Konvertier-Erkenntnisse:

1. Wenn Du eine Grafik von einem Programm in ein zweites übertragen willst, werden wahlweise Quell- oder Zielprogramm keinen passenden Im- oder Exportfilter besitzen.

2. Eines der beiden Programme wird Daten auch nicht über die Zwischenablage austauschen können.

3. Um die Grafik zu konvertieren, wirst Du stets drei Grafikkonvertierungsprogramme benötigen: Eines, das das Ausgangsformat lesen kann, eines, das das Zielformat schreiben kann und ein drittes, das die Daten für die beiden aufbereiten kann.

4. Du wirst stets nur zwei von den drei Programmen besitzen.

Letzte Konsequenz aus Michaels Konvertier-Erkenntnis:

Statt eines Konvertierungsprogramms kannst Du auch den Lösch-Befehl benützen. Das Ergebnis ist dasselbe.

Peters Standardregel:

Jedes neue Grafikprogramm wird sein neues Bildformat als Standard ausgeben und kann auch nur dieses lesen und schreiben.

Logische Erweiterung:

Dein neues Grafikprogramm wird alles lesen können – nur nicht das Bildformat des alten.

Biancas Regel für Businessgrafik-Programme:
(Leitsatz)

Du wirst Deine Daten nie in einer vernünftigen Form aufbereiten können.

Biancas Regel für Businessgrafik-Programme
(Konkretisierungen):

1. Bei einem senkrechten Balkendiagramm werden die Balkenbezeichnungen zu lang sein, um sie komplett unter die Balken zu bekommen.

2. Bei einem waagrechten Balkendiagramm werden die Balkenbezeichnungen zu lang sein, um Balken und Bezeichnungen komplett auf die Seite zu bekommen.

3. Bei einem Tortendiagramm ist immer ein Tortenstück zu klein, als daß Du die Bezeichnungen auf die Tortenstücke setzen kannst.

4. Wenn Du versuchst, die Bezeichnungen der Tortenstücke außen zu plazieren, wirst Du immer mehrere kleine Tortenstücke haben, so daß sich die Bezeichnungen unleserlich überlappen.

5. Bei einem Liniendiagramm wird immer ein Wert so groß sein, daß die Unterschiede bei den anderen nicht mehr erkennbar sind.

6. Bei einem Area-Chart wird der unwichtigste Wert immer unten liegen und sich am stärksten verändern, so daß die Veränderungen der anderen nicht mehr erkennbar sind.

7. Für ein Textchart hast Du immer zuviel Text.

8. Bei einem Korrelationsdiagramm wird die Korrelation nie deutlich.

Erweiterungen:

1. Zwei verknüpfte und überlagerte Charts wirst Du nie wieder voneinander trennen können.

2. Du wirst bei jedem Fehler beide Charts neu aufbauen müssen.

3. Die wirklich interessanten Stellen beider Charts werden sich in jedem Fall überdecken.

Die Corelationen:

1. Jedes vektororientierte Zeichenprogramm ist so anständig zu sich selbst, daß es einer importierten Bitmapgrafik mit tiefer Verachtung begegnet.

2. Du wirst immer nur die Bitmap-Grafik oder die Vektorgrafikelemente auf dem Bildschirm zu sehen bekommen.

3. Die Bitmap-Grafik wird immer so skaliert sein, daß Du sowohl auf dem Monitor als auch auf Drucker und Belichter Moirées zu sehen bekommst.

4. Die wichtigsten Funktionen Deines Vektorgrafikprogramms wirst Du für die Bitmap-Grafik nicht anwenden können.

5. Wenn Du versuchst, die Bitmap-Grafik zu vektorisieren, wird eine vorhandene Auto-Trace-Funktion wahlweise zuviel oder zuwenig glätten

6. Du erhältst deshalb alternativ stets entweder ein dem Bitmap-Original unähnliches, nur fünf Bézierpunkte umfassendes oder ein dem Bitmap-Original unähnliches, fünftausend Bézierpunkte umfassendes, jede Pixeltreppe nachfahrendes und nicht mehr zu bearbeitendes Vektorgrafikobjekt.

Axiom von der kompletten Füllung:

1. Egal wie die Form aussieht, die Du mit einem Raster oder einem Muster füllen willst: Das Programm findet immer Mittel und Wege, den kompletten Bildschirm einzuschwärzen.

2. Dieser Vorgang ist nicht rückholbar.

3. Hast Du alle Linien und Übergänge doppelt und dreifach darauf untersucht, daß ein Füllmuster nicht aus der zu füllenden Form entwischen kann, wirst Du mit dem Füllwerkzeug daneben klicken.

Friedemanns DTP-Theorem:

Daß Dein System über einen PostScript-Treiber verfügt, heißt noch lange nicht, daß es auch EPS-Dateien und Schriften druckt.

Das Berkeley-System-Gesetz:

Bildschirmschoner schalten sich nur dann ein, wenn sie stören, zum Beispiel, wenn Dein Grafikprogramm gerade dabei ist, eine komplexe Zeichnung aufzubauen. Dann wirst Du gezwungen sein, die Maus zu bewegen, um den Zeichnungsaufbau erneut zu verfolgen.

2.4 Tabellenkalkulationsprogramme

Tabellenkalkulationsprogramme sind der geglückte Versuch, nichtsahnenden Menschen 1500 Mark für das Versprechen abzuknöpfen, er könne mit rund 300 leicht zu merkenden Befehlen und Funktionen Taschenrechner und gesunden Menschenverstand ersetzen und hätte trotz des Programms noch die Zeit, sich auf das zu konzentrieren, was er ursprünglich ausrechnen wollte.

Grundlage eines jeden Tabellenkalkulationsprogramms ist das sogenannte Arbeitsblatt, bei dem der Benutzer in viel zu kleinen Zeilen und Spalten und mit viel zuviel Aufwand viel zu viele Zahlen in Formeln verschlüsseln muß, um hinterher festzustellen, was er ohnehin bereits wußte.

Normalerweise sind Tabellenkalkulationsprogramme zweidimensional in Zeilen und Spalten aufgeteilt. Modernere Versionen dieser (auch »Spreadsheet« genannten) Programme beherrschen inzwischen eine dreidimensionale Darstellung, wodurch Formelfehler eine noch größere Chance erhalten, sich unerkannt so lange hinter anderen Objekten zu verstecken, bis der Schaden am größten ist.

Scharfi's Regel:

Ein Fehler in einer Formel entsteht nur dann, wenn die fehlerhaften Ergebnisse plausibel sind.

Verallgemeinernde Erweiterung zu Scharfi's Regel:

Die falschen Kalkulationen werden zum spätmöglichsten Zeitpunkt bemerkt und den größtmöglichen Schaden anrichten.

Generalregel für Kalkulationen:

Ein Tabellenkalkulationsprogramm, das ein richtiges oder angenehmes Ergebnis hervorbringt, lügt.

Das Einheitenaxiom:

Wenn Du mit Einheiten rechnen mußt, wird das Programm nur eine Liste der unsinnigsten beinhalten:

1. Geschwindigkeit wird beispielsweise ausschließlich in amerikanischen Seemeilen per 19 Tagen ausgegeben werden können.

2. Geldwerte kannst Du in Dollar, Pfund und Fidschi-Muscheln ausgeben lassen. Niemals jedoch in DM.

3. Geldwerte werden stets dann in der falschen Währung ausgegeben, wenn die Einheit nicht dabeisteht.

Die Ergebnis-Prämisse:

Bevor eine Tabellenkalkulation auch nur näherungsweise brauchbare Ergebnisse liefern kann, wird das Programm seinen Zufallszahlengenerator einschalten.

Das OLE-Paradoxon:

1. Weder wird Dein Textverarbeitungsprogramm in der Lage sein, Daten vernünftig an Deine Tabellenkalkulation zu übergeben, noch umgekehrt.

2. OLE heißt, daß Du Deine Daten mit links beerdigt hast.

Das Tortenschlacht-Theorem:

1. Egal, was für Daten Du aufbereiten mußt, Dein Programm wird die einzige dafür sinnvolle grafische Darstellungsart nicht beherrschen.

2. Ist die entsprechende Darstellungsart verfügbar, hast Du die gesamte Tabelle dafür falsch aufgebaut.

Peters Gesetz über die Unmöglichkeit von Desktop-Presentation:

Vergiß alles, was der Verkäufer Dir über VDI-Treiber und laserdruckfähige Overheadfolien erzählt hat.

Praxisnahe Begründung von Peters Gesetz:

1. Deine Tabellenkalkulation kann die Daten nicht so aufbereiten, daß es Dein Businessgrafikpaket versteht.

2. Dein Businessgrafikpaket und Dein Ausgabegerät werden sich nie verstehen.

3. Für die Tabellenkalkulation gibt es keinen Treiber für Deinen Drucker.

4. Ein Diabelichter ist die teuerste Möglichkeit, festzustellen, daß in der Grafik noch ein Fehler ist. Ansonsten dient er dazu, statt der Grafik die Steuerungsdatei in ASCII auf ein Dia auszugeben.

5. Wenn alles funktioniert, gibt es im Präsentationsraum keinen Strom.

6. Wenn Du Dich vorher versicherst, daß es im Präsentationsraum Strom gibt, fällt die Veranstaltung aus, oder Du vergißt das alles entscheidende Kabel.

7. Klappt alles, interessiert sich niemand für das von Dir präsentierte Ergebnis.

Theos Freude:

Der erste, der merkt, daß Dein Buchhaltungsprogramm Fehler hat, wird die Steuerfahndung sein.

2.5 Online

Onlinekommunikation ist der geglückte Versuch, 60 Millionen Menschen davon zu überzeugen, monatlich 200 Mark dafür auszugeben, um sich schlechtgemachte Bannerwerbung ansehen zu müssen, während man auf Online-Angebote wartet, die einen nicht interessieren, um Online-Datenbanken zu verwenden, in denen man nichts findet, und um Programme herunterzuladen, die man nicht braucht.

Grundlage pannenbewährter Onlinekommunikation sind sogenannte »Browser«. Wie ein Blick in jedes Badezimmer bestätigen wird, sind das Gegenstände mit viel zu kleinen Löchern, durch die viel zu wenig hindurchtröpfeln kann. Haupteinsatzgebiet von Browsern ist das sogenannte »surfen« – also der Versuch, trotz widriger Umstände das Gleichgewicht zu behalten, um hinterher wieder genau da herauszukommen, wo man gestartet ist.

Glasers Erkenntnis:

Telekommunikation ist die umständlichste Art, miteinander zu telefonieren.

Die FTP-Regel:

Der Download scheitert immer bei 98 Prozent.

Die CompuServe-Konkretisierung der FTP-Regel:

Systemfehlermeldungen mit anschließendem Verbindungsabbruch und Löschen des Empfangspuffers erhältst Du nur dann, wenn Du bereits 98 Prozent eines sehr langen Dokuments heruntergeladen hast.

Die Download-Regeln:

1. Wenn Du ein Tool herunterladen willst, ist es gepackt, und Du hast den entsprechenden Entpacker nicht.

2. Der Entpacker ist nur in der inkompatiblen Vorversion abrufbar.

3. Ist das Tool als selbstextrahierendes Archiv abgelegt, ist der Entpacker zehnmal länger als das Tool selbst.

Konsequente Fortsetzung der Download-Regeln:

1. Das Tool wird nicht laufen.

2. Läuft es doch, dann ist keine Anleitung dabei.

3. In jedem anderen Fall wird das Tool die Aufgabe nicht erfüllen, für die Du es gebraucht hättest.

Das Modem-Axiom:

Bevor Du eine Nachricht zuende geschrieben hast und absenden kannst, hat Dein Modem aufgelegt.

Axiom von den Abfragesprachen in Online-Datenbanken:

Vergiß alles, was Du jemals über einheitliche Abfragesprachen gehört hast.

Konkretisierungen des Abfragesprachenaxioms:

1. Die einzigen Befehle, die eine Onlinedatenbank beherrscht, sind die, auf die Du trotz stundenlangen Probierens nicht kommst.

2. Falsche oder falsch eingegebene Befehle führen auf jeden Fall zu einem Ergebnis: Sie werden maximale Kosten verursachen.

3. Hilfefunktionen sind für Datenbankbetreiber überflüssiges Beiwerk.

4. Die Muster-Abfrage, die in der Werbebroschüre eines Datenbankbetreibers aufgeführt ist, ist die einzige, die auch funktioniert.

5. Sie funktioniert jedoch nur mit den angegebenen Suchbegriffen. Ist als Beispiel »SEARCH Auto AND Bundestag« angegeben, dann führt die Suche mit anderen Begriffen als »Auto« und »Bundestag« zu einer kostenpflichtigen Fehlermeldung.

Axiom vom Informationsgehalt von Online-Datenbanken:

Die Informationsmenge I, die in einer Online-Datenbank gespeichert ist, läßt sich durch folgende Formel darstellen:

$$I = A - G$$

wobei A die Gesamtheit aller Informationen ist, die zu einem Thema vorliegt und G die von Dir gesuchte Information.

Folgerung:

Du wirst in einer Online-Datenbank alles finden, nur nicht das, was Du suchst.

Das IRC-Dilemma:

In einem Chat ist die Konferenz entweder zu voll, oder es ist außer Dir keiner da.

Paßwortgesetz:

Die Anzahl der vergessenen Paßwörter steigt exponentiell mit der Zahl Deiner Benutzerkennungen.

Taus' Seufzer:

1. Du wirst immer mehr Kennwörter vergessen, als Du besitzt.

2. Die Kennwörter, an die Du Dich noch erinnerst, hast Du letzte Woche geändert.

Axels Erweiterung:

Wenn Du Dich dennoch an ein noch gültiges Kennwort erinnerst, gilt es für ein anderes System.

Der Telekom-Dreisatz:

1. Soll ein Merkblatt über einen neuen Telekommunikationsdienst der Telekom in jedem T-Punkt erhältlich sein, dann ist es bei Deinem unbekannt, wenn Du danach fragst.

2. Ist es bekannt, dann ist es vergriffen.

3. Deine Telefonrechnung ist immer doppelt so hoch, wie in Deinen kühnsten Träumen befürchtet.

Privatisierungserweiterung des Telekom-Dreisatzes

Es werden nur die Dienste billiger, die Du nicht benutzt – beispielsweise die Telefonkosten in den Südjemen oder der Mietpreis für meteorologische Satelliten in geostationären Umlaufbahnen.

Gesetz der Rekursion

Jede wirklich wichtige Nachricht, die über eine Mailingliste verschickt wird, wird von einem übereifrigen Spam-Filter abgefangen.

Erweitertes Rekursionsgesetz:

Hast Du aber völlig übermüdet eine unsinnige, lächerliche und falsche Nachricht eingetippt, wird sie Stunden später im gesamten Netz zu lesen sein.

Die Grundregel von der Kompatibilität verschiedener Modemstandards:

1. Eine 56K-Übertragungsrate führt zu »)%'!/_¿&y\-«.

2. Jede andere Übertragungsrate führt zu »)%'!/_¿&y\-«.

3. In Deiner Software lassen sich nur Übertragungsraten einstellen, die entweder Dein Modem oder Dein Provider nicht unterstützen.

Pekuniäre Umsetzung:

1. Dein Computer wird zu verhindern wissen, daß Dein Modem beziehungsweise Dein Terminalprogramm die Verbindung unterbricht.

2. Dies wird vorzugsweise dann geschehen, wenn Du eine Auslandsverbindung aufgebaut hast.

3. Ist dies nicht der Fall, befindest Du Dich in einer 300-Dollar-pro-Stunde-Onlinedatenbank.

4. Im Regelfall wirst Du über eine Auslandsverbindung eine 300-Dollar-pro-Stunde-Onlinedatenbank angewählt haben.

Die Winfax-Wiederholung:

1. Faxen per PC ist der gelungene Versuch, ein falsch formatiertes Dokument mit dem falschen Ansprechpartner aus der Fax-Adreßverwaltung so an die verkehrte Nummer abzusenden, daß der Rechner durch einen Schnittstellenfehler abstürzt, Dokument und Datenbank löscht und Du hinterher feststellst, daß Du ein Dokument übertragen hast, daß die Firma unter keinen Umständen verlassen durfte.

2. Übertragungsfehler erfolgen immer beim eigentlichen Dokument, nie beim Deckblatt.

Die ISDN-Einsicht des Leonardo:

Beim Dateiaustausch zwischen Rechnern mit verschiedenen Betriebssystemen wird das einzige, was auf dem Zielrechner ankommt, der falsch konvertierte Dateiname sein.

Die E-Mail-Logik:

Electronic Mail ist der gelungene Versuch, anderen Menschen im Netz Nachrichten zukommen zu lassen, die diese nicht lesen. Wenn sie sie doch lesen, waren sie nicht für sie bestimmt.

Die Newsgroup-Regel:

Nur wenn Du die Newsgroups nicht liest, steht die Ausschreibung für den Traumjob Deines Lebens drin. In jedem anderen Fall sind sie gefüllt mit Megabytes an Flame-Wars.

Das Link-Axiom:

Der einzige Link in einer Linkliste, der Dich interessiert, geht nicht.

Die Suchmaschinen-Erkenntnis:

Das einzige Dokument, das die Information enthält, die Du brauchst

- steht immer auf Platz 56000, wenn Du von vorne blätterst,
- steht auf Platz 21, wenn Du die »20 Treffer pro Seite«-Seiten von hinten durchgehst,
- wird durch die Filterbedingungen ausgeblendet.

Friederichs Gesetz vom Online-Sex:

Du hast immer dann eine Website mit Pornographie auf dem Bildschirm, wenn Dein Chef oder Deine Ehefrau ins Zimmer kommt.

3.0 Menschen

Unbestätigten Gerüchten zufolge existiert außerhalb des Dreiecks Computerfan – Computer – anderer Computerfan eine andere, geheimnisvolle Welt voller Nicht-Computerfans.

Diese Welt hat unmittelbar Einfluß auf ein Computersystem. Sowohl unmittelbar – durch Stromversorgungen, Disketten oder andere Gegenstände im näheren Einflußbereich – als auch mittelbar über den Computerfan an sich. Dieser Einfluß äußert sich vor allem darin, Computerfehler wahlweise zu aktivieren, zu animieren, durch Stromversorgungen, zu anzipisieren, zu arrangieren, zu deduzieren, zu intensivieren, zu optimieren oder zu konzentrieren – aber auf jeden Fall den Computerbesitzer zu drangsalieren.

Der Ruf zum Essen wird getreu Murphys Grundregel so erfolgen, daß ein gerade in der Entwicklung begriffener genialer Algorithmus auf immer in Vergessenheit gerät, und ein ins Zimmer stürzendes Kind (gleich welchen Alters) wird auf die alles entscheidende Diskette treten.

Doch auch die Brüder im Geiste – also andere Computerbesitzer – sind im Produzieren von Fehlern, Schäden und Mißständen mindestens genauso begabt, weswegen sie (obwohl eigentlich unpassend) ebenfalls in diesem Kapitel abgehandelt werden.

Gesetz von der strukturellen Unverträglichkeit von Computerhobby und Ehefrauen:

Nur bei einem längeren unabgespeicherten Quellcode benutzt eine Ehefrau das einzige Gerät im Umkreis von

10 Kilometern, das sofort die Hauptsicherung durchbrennen läßt.

Das Baby-auf-dem-Schoß-Axiom (auch »<CTRL><ALT><DEL><N>-Axiom« genannt):

Ein Kind, das mit seinen Händen an die Tastatur gelangt, erwischt bei der ersten Berührung die einzige Tastenkombination, bei der etwas zu zerstören ist. Gibt es mehr als eine Möglichkeit, sucht es sich die Unheilvollere aus.

Eingeschränktes Baby-auf-dem-Schoß-Axiom:

Hindert man es daran, eine verhängnisvolle Tastenkombination zu erwischen, führt das zumindest zu einem jcbbbbbbj,zhfh.j .uik goui oliz okizh.o .gjk.gjk.gk.gk.gk.gkjg kj.gk.jgkjgkj.g.kjgkjkgj.k.gjkgj.gk.j.gkjg.jkgjkgjkgjkgjkgjkgjg.

Mausgesteuertes Baby-auf-dem-Schoß-Axiom:

Wer denkt, daß ein Kind mit einer Maus geringeren Schaden anrichten kann, irrt.

Das interessierte-Jugendliche-Phänomen:

Das einzige, wofür sich Deine heranwachsenden Kinder an Deinem Computer interessieren, sind die zahlreichen Spiele-Raubkopien, die sie während Deiner Abwesenheit auf die Festplatte kopieren.

Folgerung aus dem interessierte-Jugendliche-Phänomen:

Diese Tätigkeit wird jeden existierenden Virus im Umkreis von 400 Kilometern auf Deinen Computer befördern.

4.0 Computerfans

Um zu klassifizieren, worum es in diesem Kapitel geht – nämlich um den Computerfan – muß zunächst einmal der beziehungsweise diejenige definiert werden, um die es hier nicht geht. Als abgrenzende Definition gilt also für uns die

Definition von Computeranwendern:

Gestreßtes, zumeist weibliches Wesen, das mit unbrauchbaren Programmen, unverständlichen Handbüchern und unangepaßten Peripheriegeräten vor einem augenschmerzenden Bildschirm Arbeiten verrichten soll, die es ohne Computer in der Hälfte der Zeit erledigen könnte.

Den restlichen Teil der bio-dynamischen Computerperipheriegeräte kann man nun in zwei große Gruppen aufteilen. Zum einen ist da die

Definition von Heim- und SOHO-Anwendern

Männliches Wesen, dem es nichts ausmacht, endlose Stunden für eine Tätigkeit zu opfern, die keinen praktischen Nutzen hat, dabei jeden Bezug zur Realität verliert und keine Zeit mehr für seine Umgebung, seine Mitmenschen, seine Freunde oder seine Familie hat.

Im Unterschied dazu die

Definition vom professionellen PC-Anwender:

Männliches Wesen, dem es nichts ausmacht, endlose Stunden für eine Tätigkeit zu opfern, die keinen praktischen Nutzen hat, dabei jeden Bezug zur Realität verliert und der keine Zeit mehr für seine Umgebung, seine Mitmenschen, seine Freunde oder seine Familie hat.

Renates zwei Gesetze von der vermuteten Versuchung:

1. Wenn ein Mann anfängt, Bemerkungen fallenzulassen wie »wir leben in einem Informationszeitalter«, dann will er sich einen Computer kaufen.

2. Spricht ein Mann nicht davon, dann hat er ihn schon bestellt.

Barbaras Axiom von der Drei-Stufen-Problembearbeitung

Ein Computerfan behandelt ein Problem in drei verschiedenen Stufen:

1. Wo ist da ein Problem? Ich sehe nichts. Laß mich in Ruhe.

2. Mit macht es Spaß, an schier unlösbaren Problemen zu knobeln. Laß mich in Ruhe.

3. Was für ein Problem? Nein, gelöst habe ich es nicht, es war mir zu langweilig. Laß mich in Ruhe

Die finanzielle Erkenntnis:

Niemand braucht einen Computer. Aber kein Computerbesitzer will das Gesicht verlieren, indem er zugibt, daß die ganze Sache ein teurer Irrtum war.

Gertis erweitertes Gesetz:

1. Männer lieben Computer, weil Computer das tun, was ihnen befohlen wird. Ob das mit dem, was sie tatsächlich tun wollen, übereinstimmt, ist demgegenüber unwichtig.

2. Mit »sie« sind sowohl die Männer als auch die Computer gemeint.

Doros Fachmann-Regel:

Wenn Computerfachleute behaupten, das Publikum solle Computer verstehen, meinen sie in Wirklichkeit, das Publikum solle Computer als gottgegeben hinnehmen und nicht soviel Theater um das Thema machen, damit Computerfans das tun können, was sie wollen, ohne von der Außenwelt gestört zu werden.

Gertruds Stoßseufzer:

Wenn Du Dich auf einer Party an den Tisch mit den beiden einzigen anscheinend interessanten Männern setzt, sind es in Wirklichkeit Computerfans, die sich stundenlang – ohne Dich anzusehen – über HTML-Programmierung unterhalten.

Gertrud's erweiterter Stoßseufzer:

Wenn Du daraufhin einen PC-Kurs belegst, gerätst Du bei der nächsten Party an zwei Männer, die sich über Briefmarkensammeln unterhalten und Computer aus tiefster Seele ablehnen.

Platts erstes Computergesetz:

Egal, wofür sich jemand einen Computer kauft. Spätestens nach einer Woche wird er 26 Stunden pro Tag damit spielen.

Die Erkenntnis der Textverarbeitungs-Romantik

1. Das einzige, wozu ein Computerfan ein Textverarbeitungsprogramm braucht, ist, Dir anstelle eines Liebeseinen Serienbrief zu schicken.

2. Die Länge des Briefs an Dich steht in umgekehrtem Verhältnis zur Anzahl der verwendeten Programmfunktionen und eingesetzten Schriftattribute.

Das Zeitspar-Paradoxon

1. Die Zeit, die ein Computerfan durch Automatisation von Aufgaben spart, steht in umgekehrtem Verhältnis zur Dauer der Programmierung.

   Die gesparte Zeit Z kann dargestellt werden mit folgender Formel: $Z = 1 / 1 + (P * H)$

   wobei P die zur Programmierung nötige Zeit und H die Häufigkeit der Aufgabe ist. Im günstigsten Fall spart man also nichts.

2. Ein Computerfan wird die Zeit, die der Computer automatisch arbeitet, dazu benützen, ihm dabei unbewegt zuzusehen, um zu beobachten, ob er richtig läuft.

Der feministische Computeransatz:

Speicherplatz und Manneskraft haben eines gemeinsam: Die Größe ist eigentlich nicht so wichtig, aber kein Mann wird das zugeben.

Der maskuline Seufzer:

Undeclared identifier(s): 'Frauen', 'Maedchen'.

C. Opfer

Die Computerindustrie ist eine verschworene Gemeinschaft. So haben sich Programmierer, Freaks sowie Hard- und Softwarehersteller gegen den Anwender verschworen. Anwender, Freaks und Programmierer haben sich gegen die Hard- und Softwarehersteller verschworen. Freaks, Anwender, Hard- und Softwarehersteller haben sich gegen die Programmierer verschworen. Und alle zusammen wiederum sind verschworen gegen diejenigen Menschen, die von einem Computer nur wissen, daß er Platz auf dem Schreibtisch wegnimmt.

Grundsätzliche Erkenntnis aller von EDV Betroffenen – kurz: aller Opfer – ist die

Grunderkenntnis der EDV-Anwendung:

Ein Computer ist dazu da, Dir die Arbeit zu erleichtern, die Du ohne ihn nicht hättest.

1. Programmierer

Programmierer sind (trotz anderslautender Gerüchte:) Menschen, die zu nachtschlafender Zeit mit völlig untauglichen Entwicklungspaketen für nicht zusammenpassende Konglomerate fehlerverseuchter Hardware versuchen, im Auftrag von unfähigen Anwendern deren einander widersprechende Anforderungen in Programme umzusetzen, die am Schluß niemand verwendet.

Programmierer zerfallen in zwei Kategorien. Die eine Sorte versagt bei dem Versuch, für viel zu wenig Geld mit viel zu viel Aufwand die logischen Irrtümer von Programmiersprachen, die Fehler von Compilern und die in Silizium gegossenen Ungereimtheiten der Hardware so gegeneinander auszuspielen, daß das Computersystem am Schluß wenigstens hin und wieder das tut, was man von ihm erwartet. Die andere Sorte tut dieses ganz umsonst.

Generell ist das Denken eines Programmierers

– logisch: »IF 1=2 CALL Mainprogram«

– strukturiert: »ON Hunger GOTO Aldi ELSE RETURN«

und von keinerlei Vorurteilen beeinträchtigt. Obwohl es einzelne Vertreter dieses Berufszweigs geben soll, die dem Vorurteil nachhängen, daß ein Computer dazu geschaffen wurde, dem Menschen zu dienen. Anstatt umgekehrt.

Oder, wie es der berühmte angloamerikanische Schriftsteller Wilhelm D. Base Shakespeare sagte: 2b .OR. .NOT. 2b.

Obwohl es schwierig ist, Murphys Computergesetz aus der Sicht des Programmierers zu schildern (schließlich ist ein Programmierer das im Grunde völlig überflüssige Glied der Kette Marketingabteilung-Werbeabteilung-Programmierer-Vertriebsabteilung-Anwender-Reklamationsabteilung-Updateabteilung), soll auf den folgenden Seiten der Versuch dazu unternommen werden. Auch wenn sich Softwarehäuser und Anwender seit Jahren darüber einig sind, daß ihr Leben ohne die überbezahlten Programmierer und deren Einwände bezüglich der Machbarkeit bestimmter Programmanforderungen sehr viel leichter wäre.

Namhafte Hersteller sind deswegen mit wachsendem Erfolg seit geraumer Zeit dazu übergegangen, ihre Software mittels »CASE« (»Computer Aided Software Engineering«) direkt entwickeln zu lassen, weil letztendlich nur ein Computer Programme so schreiben kann, daß andere Computer sie auch in der richtigen Art mißverstehen können.

Lükes Grundlage der Programmierung:

Es wird nicht funktionieren.

Erste Ableitung:

Funktioniert es doch, dann hat es jemand anderes geschrieben.

Zweite Ableitung:

Fluchen ist die einzige Sprache, die alle Programmierer perfekt beherrschen.

Schlußfolgerung:

Ein Computer wird das tun, was Du programmierst – nicht das, was Du willst.

Das Machrone-Statement:

Wenn Du es entwickeln kannst, ist es überholt.

Die Konkretisierung des Machrone-Statement:

Erst wenn Du Dein Programm fertig entwickelt hast und Deine letzten Kredite in den Entwurf von Anzeigen und Werbematerialien gesteckt hast, wirst Du feststellen, daß

Microsoft ein gleichartiges Programm auf den Markt werfen wird.

Verallgemeinerungen des Machrone-Statement:

1. Egal, wie groß und standardisiert ein Marktsegment ist. Microsoft kann es umdefinieren.

2. Egal, wie klein ein Marktsegment ist. Microsoft wird es für sich beanspruchen.

Doppelregel für Hobbyprogrammierer:

1. Führst Du ein selbstprogrammiertes Programm vor, dann stößt Du beim ersten Mal auf einen offensichtlichen Fehler.

2. Gravierende Fehler sind von Dir nicht reproduzierbar. Sie werden allerdings von jedem bemerkt, der außer Dir Dein Programm startet.

Axels Erkenntnis vom Debugging:

Nichts verbessert ein Programm so sehr wie das Fehlen von Kontrollroutinen.

Axels erweiterte Erkenntnis:

Wenn Debugging der Vorgang ist, Fehler aus einem Programm auszubauen, dann ist Programmieren der Vorgang, Fehler einzubauen.

Axels Folgerung:

Wenn Du nicht weißt, was Du tust – mach' es elegant.

Erster Grundsatz der EDV-Spezialisierung:

Jeder Entwickler, der von außerhalb der Stadt kommt, ist ein Fachmann.

Zweiter Grundsatz der EDV-Spezialisierung:

Ein Fachmann ist jemand, der immer mehr über immer weniger weiß, bis er zum Schluß absolut alles über gar nichts weiß.

Clarkes Reihenfolge der Softwareentwicklung:

1. Es ist unmöglich – ich verschwende doch nicht meine Zeit.
2. Es ist möglich, aber nichts wert.
3. Ich sage ja, daß diese Idee von mir großartig ist.
4. Kann mir mal jemand sagen, warum die Konkurrenz schon wieder schneller war?

Mexners Speicheraxiom:

Programmcode neigt dazu, den kompletten zur Verfügung stehenden Speicher auszufüllen und zu überschreiten.

Die Zerberus-Erweiterung:

Wenn Du sämtliche Kommentarzeilen löschst und umständliche Programmroutinen neu und kürzer programmierst, wird das Programm hinterher länger sein, mehr Speicherplatz benötigen, zu groß für den Compiler sein und darüber hinaus nicht mehr funktionieren.

Gesetze vom Arbeitszimmer:

1. Alle horizontalen Flächen werden in kurzer Zeit von Gerümpel bedeckt.

2. Die Disketten liegen darunter.

3. Das dringend benötigte Pflichtenheft ist nirgends.

4. Zigarettenasche und Kaffee befinden sich irgendwo dazwischen.

Der Katastrophenschutz:

Wer lächelt, wenn etwas schiefgeht, weiß einen, den er dafür verantwortlich machen kann.

Die acht ehernen Kundengesetze:

1. Es kommt einem Kunden nie darauf an, was ein Projekt kostet, sondern wieviel er dabei einspart.

2. Wenn Du ein Programm erfolgreich ergänzt hast, wird es der Kunde nicht mehr haben wollen.

3. Kein Kunde weiß, was er eigentlich will.

4. Jeder Kunde weiß, was er nicht will.

5. Kein Kunde will das, was Du bereits fertiggestellt hast.

6. Er weiß auch nicht, was er statt dessen möchte.

7. Der Kunde, der am wenigsten zahlt, meckert am meisten.

8. Größere Änderungen wird der Kunde immer dann verlangen, wenn ein Produkt eben ausgeliefert wurde.

Merksatz vom zeitverzögerten Bug:

1. Du wirst den entscheidenden Fehler erst dann entdecken, wenn das Programm sechs Monate lang fehlerfrei lief.

2. Dieser Fehler wird die Daten verfälscht oder vernichtet haben, die nicht wiederherstellbar sind und auf die es bei dem Programm in erster Linie ankam.

3. Der Quellcode ist inzwischen unauffindbar.

Peters Gesetz vom Spaghetticode:

Die Programmverwicklung wächst so lange, bis sie die Fähigkeiten des Programmierers übertrifft, der es weiterentwickeln muß.

Die Erweiterung von Peters Gesetz:

Die Vorarbeit wurde immer von Personen ausgeführt, die dabei sind, die höchste Stufe ihrer Unfähigkeit zu erreichen.

Das Analyse-Axiom:

Nach sorgfältiger Analyse der Programmstruktur und mühevollem Aufwand wird festgestellt werden, daß es das falsche Programm ist und bei der zu lösenden Aufgabe nicht verwendet werden kann.

Prämisse vom unveränderlichen Streß:

Anstrengung mal Zeit = konstant

Erste Ableitung der Streßprämisse:

Wenn Du noch viel Zeit hast, wirst Du wenig Anstrengung investieren.

Zweite Ableitung der Streßprämisse:

Nähert sich die zur Verfügung stehende Zeit dem Wert Null, wächst die Anstrengung ins Unendliche.

Dritte Ableitung der Streßprämisse:

Ohne die »letzte Minute« würdest Du nie irgend etwas erledigen.

Rüdigers Gesetze vom Debugging:

1. In jedem Programm neigen Fehler dazu, am entgegen- gesetzten Ende Deiner Fehlersuche aufzutreten.

2. Wenn ein Listing Fehler aufweist, sieht es fehlerfrei aus.

3. Wenn ein Fehler entdeckt und korrigiert wurde, stellt sich heraus, daß es schon zu spät ist.

4. War es nicht zu spät, war die Korrektur falsch und der ursprüngliche Text richtig.

Folgerung 1:

Nachdem die Korrektur falsch war, wird es unmöglich sein, den Anfangszustand wiederherzustellen.

Folgerung 2:

Von zwei möglichen schlechten Ereignissen wird nur das tatsächlich eintreten, bei dem der Fehler auf Dich zurückzuführen ist.

Das Qualitätssyndrom:

Jedes Programm, das gut beginnt, endet schlecht. Ein Projekt, dessen Programmierung schlecht beginnt, endet furchtbar.

Folgerung 1:

Was einfach aussieht, ist schwierig. Was schwierig aussieht, ist unmöglich. Was unmöglich aussieht, kann sogar die Putzfrau ohne Computer lösen.

Folgerung 2:

Eine Grenze dafür, wie schlimm es noch werden kann, gibt es nicht.

Folgerung 3:

Die Putzfrau hat längst bei der Konkurrenz als Systemprogrammiererin angefangen.

Wulfs Prinzip der geringsten Verwunderung:

Wenn etwas an einer Stelle auf eine Art realisiert wurde, dann muß es immer und überall so realisiert werden.

Die Softwareteam-Ableitung:

Zur Lösung von Programmierproblemen hat jeder im Softwareteam mindestens einen Plan, der nicht funktioniert.

Das Routinengesetz:

1. Jede Programmroutine, in die sich ein Fehler einschleichen kann, wird auch einen enthalten.

2. Auch in Routinen, die fehlerlos sein müssen, finden sich Fehler.

Erste Folgerung:

Jeder Fehler wird dort sitzen, wo er am spätesten entdeckt wird und den größtmöglichen Schaden anrichtet.

Zweite Folgerung:

Jeder Fehler tritt erst dann auf, wenn das Gesamtprogramm die letzte Kontrolle durchlaufen hat.

Dritte Folgerung:

Wird der Fehler früher bemerkt, ist die Ursache nicht zu finden.

Gesetz vom Schluß:

Die Fertigstellung eines Programms braucht immer doppelt so lang wie geplant. Wird dieses Gesetz beim Zeitplan berücksichtigt, so gilt der Satz der Rekursion.

Die Multiplikationstheorie:

Die Zahl der Personen in einem Programmierteam neigt zur Zunahme ohne Rücksicht auf die Menge der anfallenden Arbeit.

Ergänzung:

Tust Du jemandem einen Gefallen, dann bist Du ab sofort auf Dauer dafür verantwortlich.

Robbins Grenzwertbestimmung:

Die Minimalanforderungen im Pflichtenheft sind zugleich das Maximum an Leistung, daß auf dem geforderten Computertyp realisierbar ist.

Hartzs Unsicherheitsfaktor:

Unklarheit ist eine unveränderliche Größe.

Gesetz über die Programmänderung:

Je einfacher eine Änderung zu sein scheint, um so größere Kreise zieht sie und um so mehr Routinen müssen neu geschrieben werden.

Vereinfachende Ableitungen:

1. Wo ein Wille ist, ist auch ein »geht nicht«.

2. Nichts ist so einfach, daß man es nicht falsch machen kann.

Die Abfangregel:

Wenn Du eine Routine entwickelst, die offensichtliche Fehler vor der Ausgabe abfängt, wird es Anwender geben, die sich diese fehlerhaften Daten schon zuvor, unter Umgehung dieser Abfangroutine, besorgen können.

Gesetz von der Findigkeit des Anwenders (»4+1=5«-Gesetz):

Wenn man feststellt, daß es vier verschiedene Möglichkeiten gibt, ein Programm zum Absturz zu bringen, und man schaltet diese vier aus, findet der erste Anwender eine fünfte.

Verallgemeinerung:

Du kannst jedes Programm narrensicher machen, aber keines verdammt narrensicher.

Das Dokumentationsgesetz:

Ein Handbuch wird nicht gelesen.

Beweis des Dokumentationsgesetzes:

Wenn Du jemandem erzählst, daß es 3*10^11 Sterne im Universum gibt, wird er Dir glauben – wenn Du ihm sagst, daß die Bank, vor der er steht, frisch gestrichen ist, wird er sie anfassen.

Ausnahmen:

1. Schlechte Handbücher werden von Testredakteuren gelesen.

2. Es werden nur die Abschnitte im Handbuch gelesen, die einen Anwender dazu veranlassen, das Falsche zu tun.

3. Jedes Handbuch ist bei Drucklegung veraltet, die On-line-Version ist ausschließlich in der vorletzten Version verfügbar.

Axiom von der Relation Handbuch/Programm:

Wenn Du etwas so genau erklärst, daß es nicht mißverstanden werden kann, wird es irgendwer doch tun.

Gesetz vom Zusammenhang zwischen Testbericht und Handbuch (»C'T-Gesetz«):

1. Machst Du ein gutes Handbuch, ist es dem Testredakteur nicht ausführlich genug.

2. Machst Du ein gutes und ausführliches Handbuch, werden Handbücher beim Test nicht bewertet.

3. Machst Du ein schlechtes Handbuch, ist es das ausschlaggebende Kriterium für die Testberichte in allen Fachzeitschriften.

Daniels Gesetze über Testberichte:

1. Dein Programm wird von Computerzeitschriften so lange nicht getestet, bis Konkurrenzprodukte auf den Markt gebracht werden, die besser sind.

2. Trifft Satz 1 nicht zu, wird der Testredakteur behaupten, daß die herausragenden Features Deines Programms keiner braucht.

3. Treffen Satz 1 und Satz 2 nicht zu, hat der Testredakteur die herausragenden Features Deines Programms nicht bemerkt.

Daniels Ableitungen:

1. Dein Programm schneidet immer am schlechtesten ab.

2. Das beste Testergebnis bekommt immer Dein härtester Konkurrent.

3. Die Wertung ist um so katastrophaler, je wichtiger die testende Zeitschrift für die anvisierte Zielgruppe ist.

Dogma vom hinterlistigen Algorithmus:

Wenn ein Programm funktioniert, ist vorher etwas schiefgegangen.

Folgerungen aus dem Dogma vom hinterlistigen Algorithmus:

a) Ganz egal, was schiefgeht, es wird richtig aussehen.

b) Derjenige, den Du um Hilfe bittest, wird den Fehler nicht bemerken.

c) Derjenige, der mit unerbetenen Ratschlägen dazukommt, wird ihn sofort entdecken.

d) Egal, was schiefgeht, immer ist jemand da, der es schon vorher wußte.

e) Glaube nicht an Wunder – verlaß Dich auf Sie.

Die Tempelmann-Erkenntnis vom eleganten Programmieren:

Komplexe Probleme haben einfache, leicht umzusetzende aber falsche Lösungen.

Verallgemeinerung:

Die Abkürzung ist die längste Entfernung zwischen zwei Punkten.

Positive Ausnahme:

Eine gute Lösung kann praktisch auf jedes Problem angewendet werden. Dabei werden sich jedoch sowohl Problem als auch Lösung zu ihrem Nachteil verändern.

Allgemeine Algorithmentheorie:

1. Jede Formel und jede Konstante muß als Variable betrachtet werden.

2. Die wesentliche Dimension eines Algorithmus hat die größte Chance, weggelassen und/oder vergessen zu werden.

3. Sobald ein Programmodul perfekt funktioniert, wird es mit den anderen Modulen nicht zusammenarbeiten.

4. Nichts endet jemals so wie geplant.

5. In einer gegebenen Aufgabe, die n Gleichungen enthält werden sich mit Sicherheit n+1 Unbekannte verstecken.

Theoretisches Gesetz der Programmiersprachen-Kompatibilität (»Java-Axiom«)

1) Prämisse: Selbst wenn es gelänge, alle Programmiersprachen der Welt durch eine einzige, einheitliche Programmiersprache zu ersetzen – es wird auch dann immer genug Hersteller geben, die diese einzige, einheitliche Programmiersprache in einer eigenen Spezialentwicklungen auf den Markt bringen.

2) Folgerung: Diese Spezialentwicklungen werden zu nichts kompatibel sein außer zu sich selbst.

3) Einschränkung: Die Inkompatibilität erstreckt sich aber selbstverständlich auch auf verschiedene Versionsnummern derselben Spezialentwicklung.

Praktische Anwendung Programmiersprachen-Kompatibilität:

1. Da es keine einzige, einheitliche Programmiersprache gibt, ist das Wirrwarr total.

2. Du darfst es ausbaden.

Die 90-90-10-Regelung des Programmierprojekts:

1. Die ersten 90 Prozent des Programms brauchen 10 Prozent der verfügbaren Zeit.

2. Die restlichen 10 Prozent des Programms brauchen 90 Prozent der verfügbaren Zeit.

3. Du fängst immer mit diesen restlichen 10 Prozent an.

Konsequente Kunden-Ableitung aus der 90-90-10-Regelung:

Die zehn Prozent, mit denen Du angefangen hast, gehören zu der Programmroutine, die der Kunde zu guter Letzt wieder entfernt haben will.

Grays Programmiergesetz:

Für n+1 unwichtige Aufgaben wird die gleiche Zeit zur Durchführung erwartet wie für n Aufgaben.

Die erweiterte Epstein-Heisenberg-Unschärferelation:

Von den Parametern Zeit, Geld und Aufgabe lassen sich immer nur zwei zur gleichen Zeit exakt berechnen:

1. Wenn die Aufgabe bekannt ist und die zur Verfügung stehende Zeit, ist es unmöglich zu berechnen, wie teuer das Ganze wird.

2. Wenn die zur Verfügung stehende Zeit und der Etat bekannt ist, wird niemand wissen, welcher Teil der Aufgabe zu lösen ist.

3. Wenn die Aufgabe bekannt ist und auch der zur Verfügung stehende Etat, dann wird keiner wissen, ob und wann das Ziel erreicht wird.

4. Wer alle drei Parameter bestimmen kann, befaßt sich nicht mit dem Bereich der Aufgabenstellung.

Anabells Projektkontroll-Konkretisierungen:

1. Ein schlecht geplantes Programmierprojekt wird dreimal länger dauern als ein gut geplantes. Ein gut geplantes auch.

2. Projektteams wehren sich gegen regelmäßiges Reporting, weil dieses zeigt, wie langsam sie vorankommen.

3. Ungenaue Projektdefinitionen dienen dazu, die Kostenüberschreitung zu legitimieren.

4. Genaue Projektdefinitionen dienen dazu, die Zeitüberschreitung zu legitimieren.

Das Compiler-Strukturgesetz:

Je mehr Strukturbefehle Du in Deinem Programm verwendest, um so weniger wird Dein Compiler übersetzen.

Ergänzung zum Compiler-Strukturgesetz:

Übersetzt werden nur die fehlerhaften Strukturen.

Erste Erweiterung des Compiler-Strukturgesetzes:

Wenn der Compiler ein Programm beim ersten Durchlauf ohne Fehler akzeptiert, wird das fertige Programm nicht den erwünschten Output liefern.

Zweite Erweiterung des Compiler-Strukturgesetzes:

Verzichtest Du auf strukturierte Programmierung, wird der Compiler unverständliche Fehlermeldungen produzieren. Die dazugehörigen Fehler wirst Du in Deinem Spaghetticode nicht finden.

Frankes Blumenerkenntnis:

Egal, womit man die Blumen gießt: Die Hälfte davon läuft immer über die Listings.

Helmuts Befehlsaxiom:

Ein Kommando kann gar nicht so kurz sein, als daß man nicht mindestens dreimal einen Tippfehler einbauen kann.

Ergänzung zu Helmuts Befehlsaxiom:

1. Tippst Du den Befehl fehlerfrei, wirst Du zwischen Befehl und abschließendem Return wahlweise ein »"«, ein »#« oder ein »+« schieben.

2. Du wirst nie <RETURN> alleine drücken können.#

3. Wenn Du das »#« einmal brauchst, findest Du es auf Deiner Tastatur nicht.

Erkenntnis des Anwendungsprogrammierers:

Grundsatz: Ein Anwender macht immer das Falsche.

1. Schreibst Du »*Tippe (J) oder (N)*«, tippt er »*(J) oder (N)*«.

2. Schreibst Du »*Drücke (RETURN)*«, tippt er »*(RETURN)*«.

3. Schreibst Du »*Drücke irgendeine Taste*«, drückt er auf SHIFT oder betätigt die NUMLOCK-Taste.

4. In keinem Fall wird er einen Systemhinweis zur Kenntnis nehmen.

Mulis Registererkenntnis:

1. Speicherst Du etwas in einem Register, und merkst dir genau, was Du dort gespeichert hast, vergißt Du das Register.

2. Merkst Du Dir das Register, dann wirst Du den Inhalt nicht mehr benötigen.

Die drei grundlegenden Softwarehaus-Irrtümer:

1. Je größer das Programmiervorhaben, um so später werden grundlegende Ablauffehler entdeckt.

2. Wenn ein Problem verschwunden ist, gibt es immer noch Leute, die an der Lösung arbeiten.

3. Mehr Leute für ein überfälliges Programmierprojekt abzustellen, beschleunigt die Fertigstellung.

Die drei grundlegenden Softwarehaus-Erkenntnisse:

1. Ein Programm, daß du Freitags ablieferst, siehst du Montag wieder.

2. Dringlichkeit ist der Wichtigkeit umgekehrt proportional.

3. Das technische Know-how einer Person ist umkehrt proportional zu ihrer Position im Management.

Grundsatz des Software-Engineerings:

Zeit ißt Geld.

Treplins Stoßseufzer:

Es gibt zwei Methoden, fehlerfreie Programme zu schreiben. Aber nur die dritte funktioniert.

Ohlmeiers Grundregeln von der Programmierung:

1. Den Befehl, den Du brauchst, hast Du vergessen.

2. Wenn Du den Befehl noch kennst, weißt Du die Parameter nicht mehr.

3. Kennst Du beides, verwechselst Du die Reihenfolge der Parameter.

Schlußfolgerung aus Ohlmeiers Grundregeln:

Du mußt am Schluß sowieso im Handbuch nachschauen.

Verschärfung:

Erst dann wirst Du feststellen, daß Dein Problem mit einem anderen Befehl einfacher zu lösen gewesen wäre.

2. Anwender

Landläufig wird ein Anwender definiert als ein Computerperipheriegerät, das versucht, mit völlig unzureichender Hardware und einem unverständlichen Programm ein Problem zu lösen, das ohne Computer in der halben Zeit lösbar wäre. Diese Begriffsbestimmung ist jedoch höchst ungenau und oberflächlich. Tatsächlich ist ein Anwender ein Computerperipheriegerät, das versucht, mit völlig unzureichender Hardware und einem unverständlichen Programm ein Problem zu lösen, das es ohne Computer gar nicht geben würde.

Diese Aufgabe wird dem Anwender erleichtert durch

- eine deutsche Programmversion,
- eine benutzerfreundliche Hardware
- mehrere, umfangreiche, einander widersprechende Dokumentationen sowie
- mehrere, umfangreiche, einander und der Dokumentation widersprechende Handbücher führender Computerbuchverlage

Eine deutsche Programmversion besteht dabei in der Regel aus einem schlecht übersetzten Handbuch, aus verstümmelten deutschen Systemmeldungen und englischen Befehlen. Es gilt das

Gesetz von der Vergeblichkeit menschlichen Strebens:

1. Regeln oder Hilfsprogramme, die Deine Arbeit spürbar erleichtern könnten, stehen nicht im Handbuch.

2. Fehlermeldungen, die Du erhältst, sind nicht dokumentiert.

3. Die wichtigen Menüpunkte sind unauffindbar.

Unter Benutzerfreundlichkeit ist das entgegenkommende, höfliche und duldsame Verhalten des Anwenders gegenüber dem patzigen, rätselhaften und unflexiblen Verhalten von Hard- und Software zu verstehen. Bestimmung des Anwenders ist es dabei nicht, Lösungswege zu entwickeln, sondern in erster Linie, herauszufinden, warum Programm und Hardware etwas anderes tun, als das, was in den jeweiligen Dokumentationen geschildert ist.

Trotz der allgemeinen Gültigkeit von Murphys Computergesetzen ist es für Anwender nicht generell unmöglich, die verschlungenen Wege von Hard- und Software zu enträtseln. Daß dies in der Geschichte der Computer noch niemandem gelungen ist, ist dabei keine endgültige Widerlegung dieses Satzes.

Namhafte Hersteller sind deswegen mit wachsendem Erfolg seit geraumer Zeit dazu übergegangen, ihre Hard- und Software entwickeln zu lassen, ohne auf dieses fehlerbehaftete Kettenglied Rücksicht zu nehmen.

Erster Grundsatz der Computeranwendung:

Wenn etwas schiefgeht, weißt Du nur, daß Du eine ungerade Zahl von Fehlern gemacht hast.

Zweiter Grundsatz der Computeranwendung:

Die Fehlerzahl n in einem beliebigen Computersystem beziehungsweise einem beliebigen Programmpaket ist nach folgender Formel exakt zu berechnen:

$n > a$

wobei a eine beliebig gewählte Zahl ist.

Dritter Grundsatz der Computeranwendung:

Geht nichts schief, ist die Fehleranzahl größer $n + 1$.

Vierter Grundsatz der Computeranwendung:

Wenn nichts mehr funktioniert, lies endlich die Gebrauchsanweisung.

Axiom von der Problemvermehrung:

In jedem großen Problem steckt ein kleines, das gerne raus will.

Schainkers Umkehrung:

In jedem kleinen Problem steckt ein großes, das gerne raus will.

Joachims Stoßseufzer:

Auch wo überhaupt kein Problem ist, steckt ein großes, das gerne raus will.

Greiners Absturzerkenntnis:

Der Grund für den Absturz liegt immer jenseits der Grenze Deines Computerwissens.

Gesetz von der statistischen Logik der Softwarehersteller:

80 Prozent der Benutzer setzen laut Marktuntersuchungen nur 20 Prozent der Funktionen ein.

Erste Logische Ableitung:

20 Prozent der Benutzer benötigen die 80 Prozent der Funktionen, die ein Programm nicht besitzt.

Zweite Logische Ableitung:

Du gehörst mit hundertprozentiger Sicherheit zu diesen 20 Prozent.

Verdeutlichung:

Ein Programmierer wäre der letzte, der sein Programm auch anwendet.

Lehrsatz vom Nutzen von Anwendungsprogrammen:

Die Programmfunktion, die Du benötigst

- steht nicht im Handbuch
- findest Du nicht auf der Website des Anbieters
- wird erst im Update des Handbuchs erklärt
- wird erst in der nächsten Version des Programms implementiert.

Die vier Programmgrundlagen:

1. Jedes Programm das fehlerfrei läuft, ist veraltet.

2. Jedes nützliche Programm wird geändert.

3. Jedes unsinnige Feature wird sofort dokumentiert.

4. Jeder Fehler wird sofort als neue Funktion eingebaut.

Verallgemeinerung:

Wenn Du irgend etwas verstanden hast, ist es veraltet.

Gesetze vom Computerkauf:

1. Angaben des Herstellers über die Leistung sollten mit dem Faktor 0,5 multipliziert werden.

2. Ansprüche der Anwender über die Leistung werden mit dem Faktor 0,25 multipliziert.

3. Mitgelieferte Handbücher und Systemdisketten werden sofort in der Poststelle abgelegt und bleiben dort unauffindbar.

4. Installation-CD-ROMs landen in der Musiksammlung der Sekretärin.

5. Wenn Du nach langem Suchen endlich einen Computer gekauft hast, wird er in der nächsten Woche um die Hälfte billiger werden. Alternativ erscheint ein Modell, daß zum gleichen Preis die doppelte Leistung bietet.

Ableitungen zur Garantie:

1. Garantieleistungen werden durch Zahlungen der Rechnung ungültig.

2. Eine 180-Tage-Garantie garantiert nur eines: daß sich das Gerät am 181. Tag selbst zerstört.

Axiom von der Vergeblichkeit der Speichererweiterung:

Der Hauptspeicher von jedem Computer ist zu klein. Erweiterst Du Dein System, erscheint die neue Version Deines Programms, die mindestens 10 Kbyte mehr Speicher braucht, als Du nach Erweiterung zur Verfügung hast.

Das Grafsche CeBIT-Gesetz:

Der Hersteller, wegen dem Du die Messe vor allem besuchst, hat so kurzfristig vorher abgesagt, daß der Katalog nicht mehr geändert werden konnte.

Ausnahme:

Der Hersteller ist dann vertreten, wenn er das Dich interessierende Produkt nicht ausstellt oder der einzig kompetente Mitarbeiter vor Messebeginn krank geworden ist.

Axiom der Fehleroptimierung:

Wenn ein Programm bei Dir fehlerfrei läuft, mach Dir keine Sorgen. Es wird vorbeigehen.

Folgerungen aus dem Axiom der Fehleroptimierung:

1. Wenn es nicht mehr schlimmer werden kann, wird es schlimmer.

2. Wenn Du glaubst, der Fehler sei behoben und das Programm läuft wieder, hast Du etwas übersehen.

3. Wenn eine Kette von Ereignissen schiefgehen kann, wird es in der schlimmstmöglichen Reihenfolge geschehen.

4. Wenn es schlimm gewesen ist, wird es nochmal passieren.

5. Wenn das schlimmstmögliche eingetreten ist, ist es jemandem, den Du kennst erst vor kurzem passiert – nur alles viel schlimmer.

Erkenntnis über Computerverlage:

Computerverlage produzieren Computerbücher, um darin das zu erklären, was Du in Computerzeitschriften nicht verstanden hast. Computerzeitschriften werden aus dem umgekehrten Grund produziert.

Konsequente Folgerung aus der Computerverlags-Erkenntnis:

Du verstehst weder das eine noch das andere.

Das dreifache Gesetz vom Testbericht in Computerzeitschriften:

1. Der Testbericht über das Dich interessierende Programm erscheint eine Woche, nachdem Du es gekauft hast.

2. Das von Dir gekaufte Programm hat immer die schlechteste Bewertung.

3. Das Programm, das Du fast gekauft hättest, hat die bestmögliche Bewertung.

Die zwölf Beratungs-Trugschlüsse für den leichtgläubigen Käufer (auch das »Was-der-Verkäufer-auf-kritische-Fragen-sagt-Gesetz« genannt:

1. »Das funktionierte gestern noch.«

2. »Der Rechner, auf dem das läuft, wurde vor zehn Minuten verkauft.«

3. »Dieser Programmteil ist jetzt zufälligerweise nicht auf dieser Festplatte.«

4. »Dieses Problem können Sie leicht umgehen, wenn Sie den Arbeitsablauf in Ihrem Betrieb ein wenig umstrukturieren.«

5. »Ich habe mich erst vor zwei Tagen in das Programm eingearbeitet.«

6. »Selbstverständlich ist das erweiterbar. Das haben wir schon dutzend Male gemacht.«

7. »Unser Spezialist dafür hat zur Zeit Urlaub.«

8. »Wir haben nur die Vorführversion des Programms, die neue Version ist aber unterwegs.«

9. »Wir haben nur die Vorführversion des Programms, die neue Version ist aber fehlerfrei.«

10. »Wenn Sie das Programm/den Computer/das Peripheriegerät erst einmal ein paar Wochen in Ihrer Firma haben, dann erledigen sich Ihre Fragen von selbst.«

11. »Selbstverständlich haben wir eine Supportabteilung.«

12. »Nein, zu diesem Preis kommen keine weiteren Kosten hinzu.«

Die Programmierer-Übersetzungstabelle (auch »Was-das-Softwarehaus-wirklich-meint-Erkenntnis« genannt):

»Eine Reihe verschiedener Ansätze wurden getestet«: Wir haben noch keine Ahnung, was wir machen sollen.

»Wir haben einen neuen Ansatz gefunden«: Wir haben drei FH-Studenten damit beauftragt.

»Großer technischer Durchbruch«: Läuft zwar nicht richtig, sieht aber sehr nach Hightech aus.

»Umfangreiche Usability-Studien wurden durchgeführt«: Das Scheißding stürzt ab, wenn es gestartet wird.

»Die Testergebnisse sind sehr gut«: Wir waren völlig überrascht, als das Ding lief.

»Das gesamte Konzept muß überarbeitet werden«: Der einzige, der davon eine Ahnung hatte, hat gekündigt.

»Es ist in Arbeit«: Wir sind so weit hinter dem Plan, daß die Projektmanagementsoftware aussteigt.

»Wir würden uns freuen, Ihre Meinung zu hören«: Wir hören ihnen zu, sofern das nicht mit dem kollidiert, was bereits fertig ist.

»Bitte bestätigen Sie den Erhalt«: Wir wollen die Verantwortung abschieben.

D. Erkenntnisse

In jedem Bereich des Lebens haben sich über die Jahre hinweg bestimmte Erkenntnisse, Grundregeln oder Philosophien entwickelt. Die EDV ist da keine Ausnahme. Die wichtigsten hat der Autor auf den folgenden Seiten zusammengetragen.

Obwohl diese Wahrheiten und Erkenntnisse zum Teil defätistisch klingen, sollte sich der Leser nicht abschrecken lassen. Schließlich ist die

Grunderkenntnis der EDV:

Es gibt nur zwei unverrückbare Erkenntnisse im Leben:

1. Der Computer nützt dem Menschen.

2. Die Erde ist eine Scheibe.

Allgemeine Erkenntnis:

Alle allgemeinen Erkenntnisse sind verkehrt.

Grundregel jedes Computerbenutzers:

Laß niemals etwas Mechanisches wissen, daß Du es eilig hast.

Die Erleuchtung des Programmierers:

Ein fehlerfreies Programm ist wie die Quadratur des Kreises. Man meint, es könnte gehen, aber keiner hat es je gesehen.

Margheritas Erkenntnis:

Die Wahrscheinlichkeit des Geschehens steht im umgekehrten Verhältnis zum Wunsch.

Seufzer der Computerkids (frei nach Bob Marley):

No Woman, No Cray.

Erkenntnis von den Architekten und Programmierern:

Wenn Architekten so bauen würden, wie Programmierer ihre Programme machen, könnte ein einziger Specht ganze Städte zerstören.

Gottes Einwand:

Wenn ich gewollt hätte, daß der Mensch Computer benutzt, hätte ich ihm 16 Finger gegeben.

Bernds Ferienziel:

Je größer die Insel des Wissens, desto länger die Küste der Verzweiflung.

Erweitertes Gesetz der Logik:

»Künstliche Intelligenz« (»KI«) hat genausoviel mit Intelligenz zu tun wie »Naturidentische Aromastoffe« (»BRRH«) mit natürlichem Geschmack.

Die Doppelerkenntnis vom Windows-Graphics-Accelerator:

1. Verwende keine sinnlose Gewalt. Hol einen größeren Hammer.

2. Manchmal hilft Einstecken.

Über das Schreiben von Programmen:

Programmieren ist wie Romanschreiben. Erst denkt man sich ein paar Typen aus, und dann muß man sehen, wie man mit ihnen zurechtkommt.

Gertis Erkenntnis vom Sinn eines Computers:

So hat auch der Mann einmal jemanden, der ihm aufs Wort gehorcht.

Karins Erkenntnis vom Unterschied zwischen Mensch und Maschine:

Computer sind unzuverlässig, Menschen auch. Computer sind dabei nur wesentlich gründlicher.

Michis Lob des Programmierens:

Endlich mal eine Sprache ohne Plusquamperfekt.

Gesetz vom Irrtum:

Alle großen Entdeckungen wurden durch Irrtümer gemacht.

Folgerung aus dem Gesetz vom Irrtum:

Alle Irrtümer enden mit einer Entdeckung des Irrtums.

Folgerung aus der Folgerung aus dem Gesetz vom Irrtum:

Die Entdeckung des Irrtums ist die Grundlage für den nächsten, schwerwiegenderen Irrtum.

Die Erkenntnis vom Testlabor:

Unter genau kontrollierten Bedingungen wie Temperatur, Feuchtigkeit, Druck und anderen Veränderlichkeiten wird der Computer genau das tun, was ihm gerade gefällt.

Debugging-Erweiterungen:

1. Wenn eine Testinstallation funktioniert, werden alle betroffenen Unterroutinen so lange funktionieren, bis sie wieder ausgebaut ist.

2. Wirklich gravierende Fehler werden erst nach der Installation beim Kunden auftreten.

3. Wo Routinen Fehleingaben abfangen, wird es Anwender geben, die genial genug sind, sie zu umgehen.

Binomische Regel:

Gott schuf die ganzen Zahlen, alles andere ist Menschenwerk.

Das Datenbankdilemma:

Wenn Du Dir ein Adreßverwaltungsprogramm gekauft hast, mit dem Du 500 Adressen bequem verwalten kannst, wirst Du feststellen, daß Du gar nicht so viele Leute kennst.

Letzte Konsequenz:

Die Fehlermeldung ist die gemeinste Rache Deines Computers.

E. Systemmeldungen, auf die wir warten

»(A)bbrechen, (W)iederholen, (F)ehlerbehebung mit großem Hammer?«

»C Fehler 11: Erstes C-Programm, gell?«

»Drücken Sie <F13> zum Start des Intelligenztests.«

»Electronic Commerce Server: Bitte legen Sie Ihre Brieftasche auf Ihr Modem und drücken Sie eine beliebige Taste zum Leeren.«

»Falscher oder fehlender Kaffee. Anwender angehalten.«

»Falscher oder fehlender Maustreiber. Katze schlagen (J/N)«

»Fehler 152: Windows 95 nicht gefunden. (J)ubeln, (T)anzen, (P)arty feiern?«

»Keine Tastatur gefunden. Bitte <F1> drücken.«

»System mit Klimaanlage. Bitte keine Fenster öffnen.«

»Tragen Sie FEHLER=0 in Ihre CONFIG.SYS ein.«

»WindowError:004 - Fehlerhafter Fehler. Alles in Ordnung.«

»Windows NT: Bitte legen Sie Ihre Brieftasche in Laufwerk A und drücken Sie eine beliebige Taste zum Leeren.«

F. Famous last words

Von vielen großen Männern (und Frauen) sind als die letzten Worte auf ihrem Totenbett unsterbliche Bonmots überliefert. Wesentlich profaner – aber genauso unsterblich – sind die letzten Worte von gewöhnlichen Computerbesitzern.

Was ist schon, aus dramaturgischer Sicht Goethes Forderung nach »Mehr Licht« gegenüber der Frage eines Hardwarebastlers, ob denn auf dem Kabel, das er gerade im Begriff steht anzulöten, noch Strom ist? Natürlich nur in dem Fall, wenn seine (letzte) Frage von den Umstehenden bejaht werden konnte ...

»Ich glaube nicht, daß auf diesem Kabel Strom ist.«

»Ich schreibe nur kurz diese Prozedur zuende, bevor ich abspeichere.«

»Der Hersteller hat geschrieben, daß diese beiden Steckkarten zusammenarbeiten«

»In der C'T stand, daß bei dieser Pinbelegung nichts passieren kann.«

»Ich glaube nicht, daß dieses Programm einen Virus enthält.«

»Du kannst ruhig abschalten, ich habe den Text schon gespeichert.«

»Auf der Diskette sind bestimmt keine wichtigen Dateien.«

»Lösch' ruhig das ganze Verzeichnis. Ich habe die Dateien ja nochmal.«

»Meine Festplatte ist garantiert virenfrei.«

»Wieso hätte ich vor dem Start des Festplatten-Optimizers ein Backup machen sollen?«

»Dieses Laufwerk verträgt diese Behandlung.«

»Ich brauche doch kein Park-Programm, wenn ich den Computer transportieren will.«

»Meine Notstromversorgung puffert diese Stromschwankungen mühelos.«

»In den Notebook-Akkus ist noch genug Strom.«

»Mir macht ein Absturz nichts aus, das RAM ist batteriegepuffert.«

»Sicher ist das die Druckerschnittstelle.«

»Du kannst den Computer ruhig trotz des Gewitters anlassen, schließlich haben wir einen guten Blitzableiter.«

»Wir brauchen keinen Firewall.«

»Vorsicht, fall' nicht über das Kabel.«

»Natürlich ist die Leitung sicher genug, um Deine Kreditkartennummer online zu übertragen.«

»Das ist die neue Dateiverson, Du kannst die alte damit überschreiben.«

G. Glossar

ActiveX

Erfolgreicher Versuch, die Arroganz von Computerprogrammen in Module auszugliedern und mobil zu machen.

Anwender

Peripheriegeräte, die versuchen, mit nicht zusammenpassenden Konglomeraten fehlerverseuchter Hardware auf einer fehlerhaften → Benutzeroberfläche über einem unausgereiften Betriebssystem mit einem unverständlichen Programm von unfähigen → Programmierern ein Problem zu lösen, das es ohne Computer gar nicht geben würde.

Befehlsumfang, praxisgerechter

Das von Dir gekaufte Programm kann nur die Hälfte.

Benutzerfreundlichkeit

Entgegenkommendes, höfliches und duldsames Verhalten des → Anwenders gegenüber dem patzigen, rätselhaften und inflexiblen Verhalten ihres Computers.

Benutzerschnittstelle, grafische

Visuelle Darstellung der Tatsache, daß sich der Benutzer geschnitten hat, wenn er meint, er könne damit vernünftig arbeiten.

Betriebswirtschaft

Lehre vom Geld und wie es die Gesetze von Mathematik, → Informatik und gesundem Menschenverstand mißachtet.

Computer-Katastrophen, die zehn größten

Der Anwender, der Programmierer, der Hersteller, das Modell, der PC-Händler, das Betriebssystem, die Programmiersprache, das Anwendungsprogramm, der Online-Zugang und die Benutzeroberfläche.

Daten

1. Gute Daten sind die, die Du bereits in Händen hältst.

2. Schlechte Daten verdrängen gute Daten.

3. Die Daten, die Du für die gegenwärtige Krise hast, wurden für die letzte gesammelt.

4. Die verfügbaren Daten erscheinen um so glaubwürdiger, je länger es gedauert hat, sie zu beschaffen und je weiter die Datenquelle vom Betrachter entfernt ist.

5. Daten können zwar zwischen verschiedenen Büros bewegt werden, sie können aber weder neu geschaffen noch gelöscht werden.

6. Wenn Du die richtigen Daten hast, hast Du das falsche Problem. Oder umgekehrt.

7. In komplexen Systemen gibt es keine Relation zwischen den verfügbaren Daten und den daraus folgendenden Entscheidungen.

Debugging

Systematische Methode, mit den richtigen Überlegungen zu den falschen Schlußfolgerungen zu kommen.

EDV-Journalisten

EDV-Journalisten sind wie Romanautoren. Beide schreiben Märchen. Aber nur die Romanautoren geben es zu.

EDV-Marktforscher

Jemand, der über die Entwicklung genauso verwirrt ist wie Du, aber der festen Überzeugung ist, er wäre es aus tiefschürfenderen Gründen.

EDV-Marktstudie

Kompatibel zum Missouri: Eine Meile breit, nur ein Zentimeter tief und es bedarf eines irren Aufwandes, eventuell darin enthaltene Goldkörnchen herauszuwaschen, weil in der Regel keine drin sind.

Informatik

Lehre vom Computer und wie er die Gesetze von → Betriebswirtschaft, Mathematik und gesundem Menschenverstand mißachtet.

Interface (1): Mensch-Maschine-Schnittstelle

Menschen, die mit Computern arbeiten, verhalten sich nicht so, wie der Computer verlangt, daß sie sich verhalten sollen.

Interface (2): Netzwerkprotokolle

Computer, die mit anderen Computern zusammenarbeiten, verhalten sich nicht so, wie die anderen Computer verlangen, daß sie sich verhalten sollen.

Internet

Das größte Stück PC-Peripherie, das auf dem Markt ist.

Java

Erfolgreicher Versuch von plattformspezifischen Computerfehlern, Fremdsprachen zu lernen, damit sie auch auf anderen Systemen ihr Unheil anrichten können.

Kaffee

Macht jeden Programmierer weiser und läßt ihn auch durch halbgeschlossene Augen sehen.

Kirch, Leo

Multi durch Media

Oktal

Zehn-Finger-System, wenn Dir zwei Finger fehlen.

PC-Händler

Es ist einfach, zu behaupten, ein PC-Händler lügt. Schaut auf seine Lippen: Wenn er sie bewegt, lügt er.

PC-Händler, Unterschied zum Gebrauchtwagenhändler

Ein Gebrauchtwagenhändler weiß, daß er lügt.

Programmierer

Menschen, die zu nachtschlafender Zeit mit völlig untauglichen Entwicklungspaketen für nicht zusammenpassende Konglomerate fehlerverseuchter Hardware auf einer fehlerhaften → Benutzeroberfläche über einem unausgereiften Betriebssystem versuchen, im Auftrag von unfähigen → Anwendern deren einander widersprechende Anforderungen in Programme umzusetzen, die am Schluß niemand verwendet.

Softwarefirma

Softwarefirmen sind wie Wein: Der Flaschenhals ist immer oben.

Sprachen

1. Die einzige Sprache, die alle Programmierer beherrschen, ist Gleichgültigkeit.

2. Die einzige Sprache, die alle Anwender beherrschen, ist Ignoranz.

Standard

Gelungener Versuch, aus mehreren konkurrierenden Technologien diejenigen herauszufiltern, die nicht funktionieren, sie mit all dem zusammenzufügen, mit dem sie nicht zusammenarbeiten, um das Ganze in Produkte zu bringen, die niemand braucht und die nur dann funktionieren, wenn man das Gegenteil beweisen will. Logische Konsequenz: Das optimale Standardisierungsgremium hat null Mitglieder. → Java

Undo

englischer Fachbegriff. Deutsch: »Untat«, »Verbrechen«.

Windows CE

»Call Engineer«. Versuch eines Betriebssystems für Konsumelektronik.

Windows 98

→ Grafische Benutzeroberfläche. Die Zahl hinter dem Namen bedeutet alternativ:

- die Zahl der CD-ROMs, auf der es ausgeliefert wird
- Prozentsatz der Nutzer, die ihre Hardware dafür erweitern müssen
- Summe der Mbyte, die es auf der Festplatte bei Minimalinstallation benötigt
- Seitenzahl der Installationsanleitung
- Prozentsatz der Windows-95-Programme, die damit nicht laufen
- Minuten, die die Installation mindestens dauert
- Zahl der Anrufe bei der Hotline, bis das System läuft

Wissenschaft

1. Wenn es grün ist oder sich bewegt, ist es Biologie.

2. Wenn damit kein Geld zu verdienen ist, ist es → Betriebswirtschaft.

3. Wenn es stinkt, ist es Chemie.

4. Wenn es nicht funktioniert, ist es → Informatik.

World Wide Web

Das langsamste Stück PC-Peripherie, das auf dem Markt ist.

Zucker

Das, was dem → Kaffee einen schlechten Geschmack verleiht, wenn man vergißt, ihn reinzutun.

H. Index

Gesetz vom Index

Egal, was Du im Index suchst: Das Stichwort wird fehlen.

Erweiterung des Gesetzes vom Index

Du wirst das Stichwort auch nicht im Inhaltsverzeichnis, in der Gliederung oder im Glossar finden, dies aber erst feststellen, wenn Du das Buch gekauft hast.

Schlußerkenntnisse

1. Im Kampf zwischen Dir und der digitalen Welt stellst Du Dich besser auf die Seite der digitalen Welt.

2. Murphy war Optimist.